JN250765

学長奮闘記

学長変われば大学変えられる

岩田年浩

東信堂

はじめに

私は京都経済短期大学というところに学長として勤めていた。この間、この大学では入学定員の二・五倍を超える受験生を迎えることが出来、しかもその増え方が増えていった。この現状は決して偶然に成し遂げられたものではない。五年前より、「募集停止・廃校」が経営側から言われる中で、教職員と力を合わせて、打つべき手を打って、他校の学長の何倍も動いてきたことがある。要は外に向かって発信していこうとしたわけである。大学や短大では、どのようにすべきなのか、実践経験を赤裸々に述べたいと思う。以下のことは困り抜いて考え推し進めた結果のものだ。

では、どんな手を打ったのか、手の内を紹介する。

1 四年前から実施している、オムニバス講義は大学の講義を地域に（新聞各社のほかテレビ局の協力もあって）公開してきた。ここでは「京都」「学び」「利益」などのテーマを専任教員を中心に、時にゲストスピーカーを交えて躍動感のある授業を目指して進めてきた。各教員は自分の授業での特徴もふくめ語った。また、複数の教員が教壇に上がり、討論する場面も企画した。教員同士の横のつながり（人間関係）も学生に示し会話の中で授業を進めることができ、好評だった。他大学にはほとんどない企画である。

この講義では京都の地ならではの日本の伝統文化が理解できることも狙った。茶道文化を語れる人に侘びと寂の心を授業してもらった。多数の学生が茶を口にした。また、十二単の着付けの専門家の講義と実演、高級料亭の女将の話、京都市で観光行政の仕事をしてきた人の話、京都と大阪の人々の人間そのものの比較なども含めた話。これらの人達は講演料は無料で、超プロの話をしてくれた。今の学生は高校時代にいろいろなことに関心を広げて入学してはいないので、興味深そうだった。これは名物講義となった。

2　四年前から、学生が経済・経営分野で、学べる履修のコース制（七コース）を実施し志願者のニーズに具体的に対応できるようにした。学ぶ目的を明瞭にすることによって、学生の将来展望が具体的になり、学生の会話の中に所属するコースの話が一気に出てきた。その七つのコースは「経済ファイナンス・企業マネジメント・流通ビジネス・ソーシャルビジネス・会計経理・ＩＴマネジメント・情報システム」となっている。

3　五年前まで、同じ学校法人の中にありながら関係が芳しくなかった、京都明徳高校との関係を強めた。昔、「勉強意欲のない生徒の面倒をみる立場にもなれ。」と高校教師に向かって言ってのけた短大教員がいたから。これを元に戻すために、同高校の教育研究の集まりや新入生歓迎の合宿、進路説明会にも参加して、心を通じた経験交流をした（時には、ユーモアを交えて）。ともに教える立場の悩みなども共有した。この結果、多くの推薦入学者を迎えることができるようになった。教員同士の交流などの新たな取り組みもあった。

4　受験生の多い少ないという地域差等についての事務局の分析に基づいて、高校回り（京都・大阪のほか、北陸などにも教員は向かった）・予備校回り・日本語学校回りをした。定員増の手続きの中で、丹念で効果のある、外へ向けての行動が結局は効く。どの大学短大とも違う、本学のやっている特徴をわかりやすく手短に話すのが全てだ。後は、その高校を卒業して入学した学生の評判や口コミ、マスコミの宣伝の三つが立体的な効果を上げる。

5　就職に強い京都経済短大という伝統を発展させるために、企業との接触を強めた。就職担当の職員との企業回りやタイムリーなセミナーの開催をした。これは形式的儀礼的なものではなく、今のこの地の企業が求めている人材の特徴をよく聞き対応して行く場として役立った。京都・滋賀・大阪の企業と個人的に交換した名刺はこの五年間だけで九〇〇枚。すべての名刺に、会った日時と場所、相手の特徴をメモした。

6　これらの京都経済短大の動きを新聞雑誌各紙が記事として掲載した（二五回）。『産経新聞』『京都新聞』『日本海新聞』『毎日新聞』など。ネット上でも『進学リクルート』などに掲載された。マスコミとの接触は大切だ。

7　編入学希望者のための編入指導室の確保、編入試の過去問や参考書・辞書の整備を行った。協定編入学を受け入れる四年制大学の確保と開拓に教員は汗をかいた。引き続き、編入試を重視する必要がある。

8　京都の公立高校からの受験生を迎えるため、京都府教委にお願いし、校長経験者を常勤教員として迎えた。高校側の希望や課題を具体的に知ることが出来た。

9　開学以来、洛西地域との関係が深かったが（西京区役所・なんきんはぜの会・西京区社会福祉協議会・大原野の農村集団など）、教室外での学び（地域の清掃を含む）は学生に新鮮な体験だった。ただし、動員を学生たちに強制はせずに進めた。地域の人たちは授業にも参加された。長年の交流になっている。また、洛西地域にとどまらず、京都市や他府県に及ぶ地域とのかかわりを新たなスタッフと共に、重視していく必要がある。

10　明徳学園独自の返済不要の奨学金を毎年度多く（一〇～一五名）の学生に渡し、勉学生活を励ましてきた。入学試験の倍率も高まっており、奨学金を受け取った学生たちはそれにふさわしい勉学生活を送るよう指導を強める必要がある。

この結果として、定員割れの地獄を脱して、受験生数はこの三年、入学定員の二・五倍になり、京都・滋賀の短期大学入学偏差値は下から二番目が上から二番目へと跳ね上がった。最初は経営には素人の学長だったが、変身できることを実感した。ただ、やみくもに動けばいいというものではない。動く前から考えてのこともあるが、多くは動きながら考えることが多い。学長は理事会（資金を握る）との調整、教員内での意思疎通とまとまり、事務局職員との協力、学生たちの悩みや現状の把握や相談、学生の父母からの要望の把握、更にはキャンパス周辺の人達や企業・地元自治会との関係など多くの問題の解決に迫られる。毎日が何も問題の無い日など無いと言ってよい。これらについての実体験を述べておこう。

この本を出版した意図は数年の間に、大学や短大を大きく変えることは可能だという体験にもとづくメッセージである。

目次／学長奮闘記—学長変われば大学変えられる

2 弱小短大・不人気四大の危機、そんな中で京都経済短大はどのようにして受験生を激増させたのか……31

学長奮闘記――学長変われば大学変えられる

1　日本の大学の変容

世界の大学史から何を見るか

高等教育は当然、文明の発達し始めたところから始まった。紀元前七世紀のパキスタンのイスラマバード北西のタキシラの僧院がそれである。

さらに、紀元前三八七年古代ギリシアのプラトンが開いたアカデミアでは数学と哲学が教えられていた。この二つの学問は永く理系・文系学問の基盤の位置を占めていった。アレキサンダー大王の世界支配のもとで、博物館〈ムーセイオン〉と図書館が備えられていた。この二つの学問は真理探究の基礎として今日の理系・文系学問の元祖である。

中国では、（殷に滅ぼされた）紀元前二〇〇〇〜一六〇〇年の夏王朝の時代に「校」と呼ばれる官吏養成学校が設立されていた。

インドでは五世紀にナーランダ大学で仏教・天文学が教えられていた。ここでは、学位に当たるものが授与されていた。最盛期には一万人の学生・一千人の教員がおり、一〇〇万冊の図書があったとされている。

中世ヨーロッパの最初の大学はコンスタンチノープル大学であった。後に、イタリアのボローニャ大学とフランスのパリ大学が代表的になっていった。

ボローニャ大学では、学生が運営の主体となっていた。学生たちは市当局とも交渉した。学生たちは教師よりも年長である場合も多く、力のない教師をやめさせることさえできた。

逆に、パリ大学では教師が自治の主体となっていた。ここでは教師も学生も聖職者とみなされたので、双方とも市民権を持たなかった。そのため教師もユニベルシタスをつくり、学生のユニベルシタスより力を持っていた。パリ大学は教師の大学といわれ、後にできたヨーロッパの諸大学はパリ大学を先例とするところが多かった。いずれも、経済的に発展していたところに大学ができていた。さらに、このことの根本には発明や科学技術の発展の国・地域と重なっていることが注目されるべきだろう（デービッド・アボット編『技術者&発明家―世界科学者事典（6）―』）。

現在、世界の一九六ヵ国（三ヵ国は国連未加盟）の内で国民一人あたりＧＮＩが九九二米ドル以下の四九ヵ国が後発開発途上国と定義されており、これらの国では一国に一つの大学があるかないかの状態である。

いずれにせよ、文明の発達したところに大学は出来た。それは国家と民衆の生活に必要な知識が追究される必要があったことがわかる。

閑谷学校（しずたにがっこう）——岡山藩

所在地　岡山県備前市

藩祖池田光政は、庶民の教育機関としての閑谷学校の設立に情熱をもち、完成まで二十余年の歳月を費した。

閑谷学校飲室　食事や休憩に利用された室。中央に炉が設けてある

閑谷学校公門と石塀　公門は藩主の御成門。石塀公門ともに重要文化財

閑谷学校講堂　建築材料や施工は特に吟味され、主にけやきやひのきなどが用いられている。内部の材はすべて漆仕上げとなっている

図 1-1　閑谷学校の写真

出所）『図録　日本教育の源流』第一法規出版

藩校と民間教育の遺産

社会の進行の中で、人間社会の議論の対立は激しくなるが、大学前史といえる幕末の日本の教育分野でも対立はあり、江戸時代の学者を一様に「封建制を支えた」思想教育をしたとは言えないことをまず明らかにしておこう。例えば、林羅山（一五八三―一六五七）、木下順庵（一六二一―一六九九）、貝原益軒（一六三〇―一七一四）は幕藩体制を支持・強化する思潮であった。しかし、中江藤樹（一六〇八―一六四八）、熊澤蕃山（一六一九―一六九一）、山鹿素行（一六二二―一六八五）らには体制の諸矛盾をついた鋭い批判があった。また、民間市井の中での民衆教育に注力した、伊藤仁斎（一六二七―一七〇五）、石田梅岩（一六八五―一七四四）もいた。一般の寺子屋は「読み書き算盤」を中心に名もない教養人が広げていったが、これは日本の民衆教育を作り上げていた。

藩校は藩が藩士やその子弟、さらには領民のために城下に設けた学校であった。江戸時代を通じて存在し、明治四年の廃藩置県までに二二五校が開設されていた（中泉哲俊著『日本近世学校論の研究』風間書房一九七六）。教えられた科目は儒学・算学・医学・洋学・兵学・天文学などであった。一般に、月に何度かの決まった日に藩士を集め、素読・講義・漢学教育は各家に任せていた。

近世日本への知的水準を支えたのは私塾であった。弘化年間から慶応年間に開設されていた私塾（郷校）は全国に五七九あった（石川松太郎他著、『日本教育の源流』昭和五九年、第一法規出版より）。例えば、岡山藩では、寛文八年時点で藩内に手習所が一二三カ所、同一一年には二二五八名の卒業生を数えている。この読み・書き・算盤を庶民教育でも支えていた。また、日常の子どもたちの〝遊び〟の中で学びは伝えられていった。豊かさでは劣っていても、民衆の学ぶ意欲のひろがり、こうした状況が日清・日露・第一次大戦—欧州大戦—に挑み、第二次世界大戦を仕掛けた日本の基本的な力量の土壌なのである。

学制の導入と変化

明治維新は西ヨーロッパで生じた市民革命とは性格を異にし、近世封建制を引き継いだ改革だった。これは時代の断絶を好まない日本社会の特徴がはっきりと出ていたと言える。近代化を急ぐ明治政府は教育と学問の制度化に取り組んだ。

まず、日本の学校制度そのものの変化を見ておこう。戦前の文部行政は学制としてはフランス式を取り入れていた。明治中期に整った軍事制度とともに、精神面ではドイツを手本としていった。ドイツは遅れて発展してきた資本主義で、日本はドイツに注目した。(明治初期には社会の発展が当時最高レベルのイギリスからほとんどのものを受容していたが)。その特徴は単線型教育制度であった。明治初期の「帝国大学」は文部書をかねており、後「東京帝国大学」となり、戦後は「東京大学」となる。明治二三年発布の教育勅語は大日本帝国憲法の上に立つ勅令として位置していた。後、整備された高等教育制度下での旧制高校や大学の「教養主義」は当時の高等教育のステイタスだった(北杜夫著『どくとるマンボウ青春記』新潮文庫、一九八八)。

なお、当初は九月入学だったが、会計制度と徴兵制で変った。明治四二年の日本の人口は四九一八万人、昭和一五年の人口は七一九三万人であった(平成二九年の総人口は一億二六七九万人)。

戦前の日本では、複線型学校教育制度をとっていた。それは家庭の経済的な事情を中心にさまざ

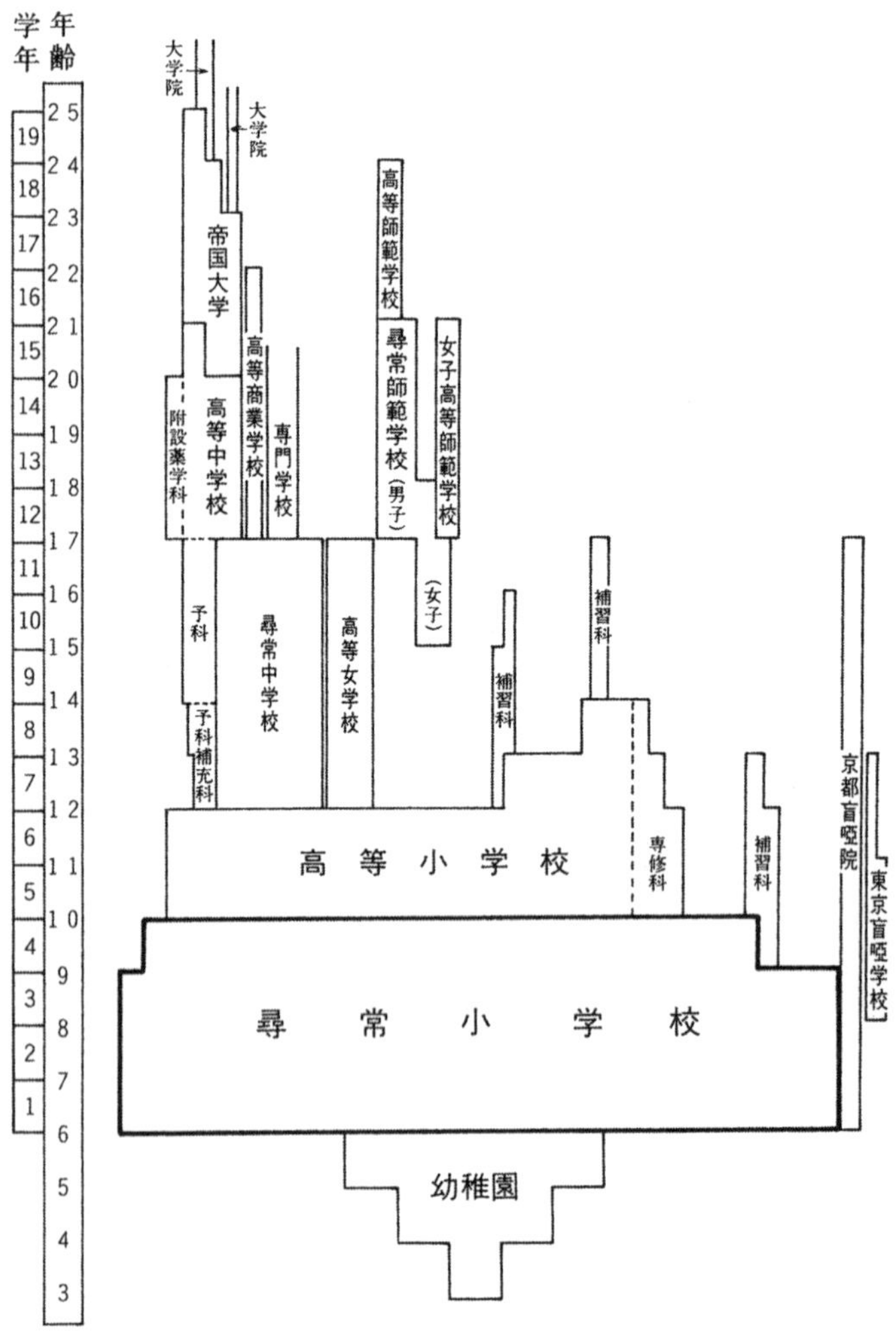

図 1-2　明治 25 年の学制

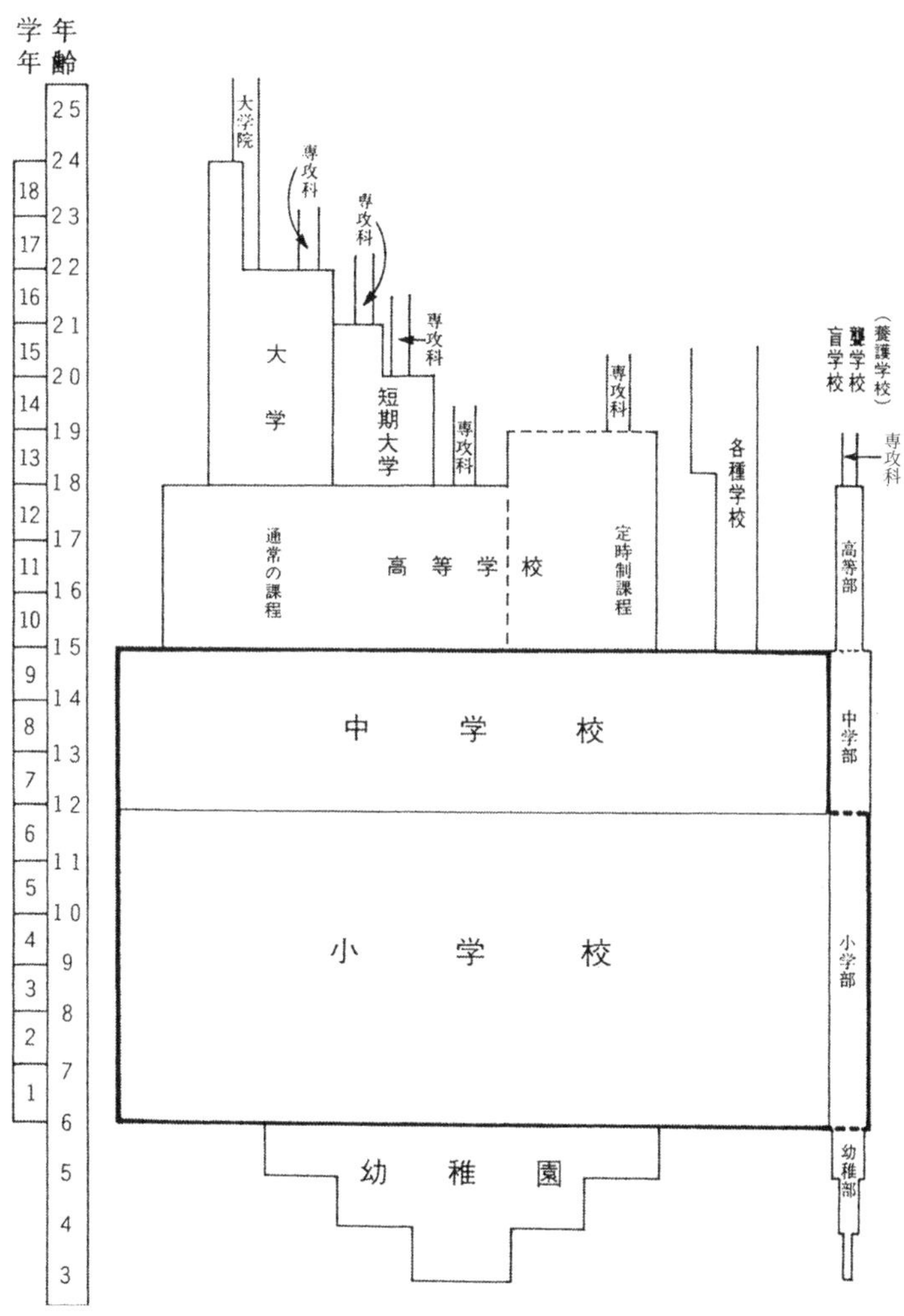

図 1-3　昭和 25 年の学制

まな要因から、教育の機会は必ずしも国民に均等ではなかったことが背景にある。

ところが、戦後は米軍の占領下で教育の機会均等の考え方で大きく編成替えされてきた。民主主義は教育の世界でも貫かれた。昭和二四年の学校系統図（今日まで続く）図1-3はこのことを示している。価値観がいたるところで変化した。この一律的教育への変化は他方で勉強についていけないものの問題も大きくしていった（教育問題）。経済社会の変化に対応して、学生は変化し、教科カリキュラムと教科書も変化していった。

戦後、「教育の機会均等理念の実現のため」に単線型学校教育制度が導入され、小学校と中学校が義務教育となり、新制の高等学校が発足した。

しかし、国際競争の激化の中でこうした平等主義を基本にした教育では経済的な発展は見通せなくなってきた。児童・生徒の個性を伸ばす上で、画一化は日本社会の発展にとって桎梏になってきた。多様な教育が求められることとなった。「高等学校の早期卒業制度」や「大学の飛び入学」という制度は新たな複線化の前兆といえる。これはリカレント教育や生涯学習といった概念で説明される、人生における学び直しや、何度でもチャレンジすることを可能とする。

今日、日本の大学は七八一校、学生数は二五〇万人を超えているが、かつては表1-1、1-2に見られるように少なかった。きわめて少数の選ばれた人たちだけが大学へ入学できたのである。大学は近代日本社会を立ち上げるうえで大きな役割を担っていた。戦後民主主義の中で、大学教育を受ける機会は大きく広げられた。しかし、今日の大学が経済社会の要請に応えられるようになるためには、専門性の追求と役割の分担、そして種別化が必要になってきている。

表 1-1　大学一覧（昭和 15 年）

	大学数（校）	学生数（人）
帝国大学	7	20,876
官公立大学	14	7,627
私立大学	26	50,278
合計	47	78,781

表 1-2　大学一覧（近年）

大学数	1955 年	228 校（国立　72　公立　34　私立　122）
	2014 年	771 校（国立　80　公立　91　私立　600）
教員数	2015 年	184,248 人 内訳　国立 64,771　公立 13,294　私立 106,183
大学生数	2015 年	2,567,039 人 内訳　国立 610,401　公立 150,513　私立 2,112,710 （短期大学生数　128,460 人）

資料：『学校基本調査報告書（平成 28 年度版）』文部科学省

表 1-3　明治 42 年の学費

	（年額　円）
早稲田大学	35
慶応義塾大学	36
中央大学	25
京都法政大学	30
関西大学	20
日本女子大学	32
立教大学	33
官立医学専門学校	30
高等師範学校	不要

出所：『旧制大学の青春』ノーベル書房、昭和 59 年

戦前から戦後の日本社会では、大学へ入学する人たちは経済的にも選ばれた人たちに与えられることから、大学間の格差はまかり通っていた。国立大学の学費が低く設定されたのは戦後からのことだった。

大学卒業生は「学士様」と呼ばれる時代だった。学費（授業料など）は国立大学の方が安いということはなかった（それは戦後のこと）。また、学校教師を養成する師範学校とその師範学校の教員を養成する高等師範学校の学費は無料だった。学校教育が重視された表れだった。

戦前社会で、海外へ渡航し勉学や研究ができる人はごく少数のエリートだった。明治の初めには、「海外行免状」と呼ばれていたものが、明治一一年二月には「海外旅券」と改称された。当時は毛筆で一冊ずつ作成されていた。

明治三一年の日本郵船会社のロンドンまでの航路運賃は一等四五〇円、中等三〇〇円、特別下等一八〇円、下等でも一五〇円だった（「レファレンス協同データベースのホームページ」より）。表1-4の年間学費と比べると、これは相当な高額であることがわかる。また、一九六四年までは日本では一般人の海外渡航は解禁ではなかった。これは一九九二年になってやっと改正された。

なお、明治二一年から今日までの物価指数は約三〇〇〇倍に膨らんでいるが、大学の学費はそれを上回る状況であることがわかる。また、戦後〈昭和二一年から今日まで〉のGDPは一二〇〇倍に増加していることも注意されるべきであろう。

戦後日本と異なり、大卒初任給はほぼ同様の金額だったが、〝大学の格〟によって差がついていた。規制改革が唱えられる今日では能率給の要素が約半分を占めている。

表 1-4　昭和 15 年の学費

（年額　円）

東京帝国大学	120
東京文理大学	120
東京商科大学	120
早稲田大学	160
慶応義塾大学	140
中央大学	130
立正大学	80
日本医科大学	150

表 1-5　平成 27（2015）年度の初年度納付金

（国公立大、私立大昼間部の平均額）

	授業料	入学料	施設設備費	合計
国立大学	535,800	282,000		817,800
公立大学	537,809	393,426		931,235
私立大学文科系	746,123	242,579	158,118	1,146,819
私立大学理科系	1,048,763	262,436	190,034	1,501,233
私立大学医歯系	2,737,037	1,038,128	831,722	4,606,887

表 1-6　学歴別初任給

（昭和 2 年　三菱合資会社の場合）

帝国大学	90 円
商大	80 円
慶応大学・早稲田大学・神戸高商	75 円
地方の高商	65 ～ 70 円
各私大の専門部	50 ～ 60 円

出所：『従業員待遇法大鑑』昭和 2 年

※ 2017 年の大卒初任給平均は約 20 万 3,400 円（手取り額は約 16 万 7,200 円）

大学学部がエリートにしか門を開いていなかった戦前社会では、博士の数も限られていた。大学が多様化した戦後では大学はその存在意味を明瞭にするように求められており、国際的にも通用する「博士」の輩出が必要になってきた。

学問間の位置の違いもあった。理系では、「物理帝国主義」と言われるほどに物理学の権威は高く、他の理系分野はその応用的分野とされる風潮は今も続いている。文系科学の中では世界で経済学だけにノーベル賞が与えられてきた。他の文系分野では心理学者のハーバート・サイモンがしたように、経済学賞に入っていく必要があった。更に、経済学賞にはマルクス経済学者等は認められず、近代理論の中でも「新しい古典派」の研究成果に絞られてきている。この経済学の近代理論も物理学の応用が基底にある（拙著『科学が明らかにした投資変動の予測力』学文社）。

戦後から今日にかけて、アカデミズムの世界では、学位（博士号）をもたない大学教員は〝大した研究はしていない〟と見做されており、文系でも学位をもつ教員は少しは増えてきた。文系の大学教員は理系世界に比べて教授にはなりやすいが博士は少ない。元々、博士が少ない大学では、新たな博士号を出すことが難しい。逆に、理系の教員は助手の人も学位はもっているが、なかなか教授にさせてくれないのが日本の大学の風潮である。しかし、戦前と戦後では大学の数も博士の数も全く異なり、希少価値の違いが歴然としている。

大学と言っても状況は様々で、イギリスの大学はエリート主義だが、アメリカの大学は門戸を広げており規模が大きい。両者のレベルも異なる。中国の大学では新入生に（実弾射撃を含む）軍事訓練が必修になっている。

4章の(1)で見るように、学部の種類や名称はどんどん増えているが、博士の学位の種類はほとんど変化していない。

米国の社会学者で大学経営に詳しい、マーチン・トロウは高等教育への進学率が一五％を超えると高等教育はエリート段階からマス（大衆）段階へ移行するとし、さらに、進学率が五〇％を超える高等教育をユニバーサル段階（言い換えれば、専門と役割の分化の段階）と呼んでいる。

今日の日本の大学の状況はこのユニバーサル段階での問題の中にある。

表 1-7　旧制学位令による博士人員数

明治 21 年 5 月〜昭和 2 年 8 月（38 年間）

法学	222
医学	844
薬学	36
工学	387
文学	193
理学	182
農学	114
林学	39
獣医学	29
合　計	2,046 人

出所：『論文総覧　日本の博士研究』

表 1-8　昨今の分野別博士号授与件数

1957 年 4 月〜 2009 年 3 月（52 年間）

人文	12,427
社会	13,853
理学	46,230
工学	94,629
農学	33,914
保健	225,527
家政	194
教育	3,268
芸術	980
その他	15,291
合　計	446,313 件

この中で、日本の大学生の知的水準や勉学意欲は著しく弱まっている。かつてのように、旧制帝国大学原理的な大学教育が広がっていた状況とは全く異なっている。学生がスマートフォンに費やす時間は一日に六時間が平均ということがすべてを物語っている。厚生労働省が二〇一三年八月に発表した調査によると、全国の中高校生のうち推計五一万八千人（約八％）が「インターネット依存」になっている。依存や束縛状態には、次のようなものがある。

ケータイ・スマホを見るために仮病を装ってでも保健室へ行く。調べ物、時計、スケジュール管理などあらゆる事を携帯の機能に頼りケータイ・スマホがないと不安で何もできないのである。

かくして、勉強とは覚えることという観念が染み通り、考えることや本を読むことが敬遠・軽視され、大学受験は考える勉強ではなく、いかに早く正確に問題を解くかに集中し、考えることに慣れない学生が多数になっている。それ以前に、入学直後の学生は特に自分の尋ねたいことやしてほしいことを伝えられない様子が大学事務室の前で現れるのが常である。人とは違うことをすることに違和感があり、積極的な学生は少ない。就学の四年間・二年間は無為に過ごすことになる。四〇年ほど前までの日本では、二〇歳前後こそ技も知識もセンスも身につける絶好の大切な時期だったのだが……。果たして、これでいいのだろうか。市民の意味も変った。

全国の約半分の四年制大学と短期大学のかなりはほとんどその存在意味を失いつつある。専門学校を軽視する人もいるが、人気の上層部の専門学校の学生が授業を受ける態度は素晴らしい。資格試験に関係した学校等での授業の真剣な様子を見てはどうかと言いたい。態度も眼差しも違う。世間の殆どが〝短大も専門学校もレベルが低い。大した者はいない〟と決めつける。伸びようとする若い芽を無視する。偏差値嫌い（平等主義）の人、左翼を標榜する人も含めて毒されている。

大学の管理運営

二〇一四年（平成二六）六月の「改正学校教育法及び国立大学法人法」によって、学長が大学の包括的な最終責任者としての職務と権限を有することが明らかにされた。これによって、戦後日本の大学の教授会の自治は根本的に変化した。

国立大学は二〇〇四年（平成一六）に法人化され、大学経営は大学教員や経済人などの学外委員から成る「経営協議会」が、教育研究に関しては学部長などから成る「教育研究評議会」が、それぞれ責任を担っており、学長は両組織のトップとして決定権を持つことになった。また、学長の選出は両組織の委員などからなる「学長選考会議」によってなされる仕組みになっている。この改革は、学長のリーダーシップのもとで大学としての意思決定や改革を迅速に行い、国立大学を社会の変化やニーズに対応できるようにするためのものだった。ところが、各学部の教授会は従来のまま残っていたため、大学改革を推進しようとする学長と、それに慎重姿勢を示す教授会が対立するということも出てきた。学長が学問的権威と行政能力が高く、しかも好人物である場合はいいが、そうでない場合はトラブルも起きる。要は、学長が理事会でも教授会でも多数派を形成していればいいのだが、どこかで綻びが出てくると深刻な事態が生じる。

私立大学や私立短期大学でも同様に学長権限は強化されたが、予算と人事の決定権を学長が握るか理事長が握るかの問題が生じることになった。経営が順調な場合は理事長と学長の対立は目立たないが、単年度でも積年でも赤字になると理事長側の発言力は強くなる。お金が少なくなると、不安や混乱が生じるのは大学の外の世界と変わらないから。制度が法的にこのように変わっても、実権をめぐる争奪は大学の教員らしい（露骨さを隠した）新たな形で発生する。

こうした中で、研究に大した成果が出ない、教育もうまくない教員は会議を混乱させて存在感を示すか無関心でいるかになってしまう。大学人の自由の気風はどんな大学・短大にも続いているから。大学の教員の勤務形態を（例えば、九時―五時勤務のように）サラリーマン全般と同様にしてしまえという主張はよくあるが、これでは教員の研究生活そのものが難しくなり、高等教育としての体をなさなくなってしまう。結局は学長も理事長も教員も職員も人柄がどうかが根本的に物を言うことになる。そして、学内の揉め事の積み重ねが独特の空気を作ってしまう。

二〇〇四年に法人化された国立大学法人では、収支のバランスを自ら取らなければならない。「入学料」「学費」と国から支給される「運営交付金」つまり補助金を受けている。

大学と学閥

「経済学部」の大学教員（研究者）市場の様子を見ると、やはり旧七帝大系の大学出身者の占拠率は高く、大学全般で有名私大とその他の国立大学の互角の争奪が行われている（拙著『経済学教育論の研究』第五章、関西大学出版部より）。近年は大学院生の研究者就職の対策は放置されたままで、博士課程卒業の院生の就職は厳しい。大学教員市場の難しさを反映して、偏差値の低い大学や短大全般へ向かって、難関大学の出身者が職を得る事態になっている。研究者としての就職は最初の就職が

表 1-9　運営交付金と学生数

国立大学運営費交付金の法人別予算額（平成 28 度上位校）と学生数

東京大学	804.5（億円）	14,047（人）	京都大学	548.3（億円）	13,416（人）
東北大学	456.0	11,052	大阪大学	436.7	15,479
九州大学	416.6	11,758	筑波大学	406.5	9,910
北海道大学	362.2	11,403	名古屋大学	316.2	9,844
広島大学	248.8	10,993	東京工業大学	213.5	4,780
神戸大学	205.6	11,696	岡山大学	181.3	10,148
千葉大学	179.2	10,772			

私立大学等経常費補助金の交付状況（平成 28 年度上位校）と学生数

	一般補助特別補助合計			一般補助特別補助合計	
早稲田大学	90.5（億円）	42,181（人）	東海大学	88.8（億円）	29,155（人）
慶應義塾大学	87.3	29,731	日本大学	83.5	66,909
立命館大学	55.3	33,580	順天堂大学	55.1	29,155
昭和大学	54.0	3,167	明治大学	42.9	30,992
北里大学	41.9	7,940	近畿大学	39.2	32,322
福岡大学	36.2	19,524			

私立大学の平成 21 年度の志願者数上位

近畿大学	119,915（人）	明治大学	108,500（人）
早稲田大学	108,039	日本大学	104,558
法政大学	101,976	立命館大学	94,930
東洋大学	84,886	関西大学	82,592
千葉工業大学	76,495	中央大学	75,275

一番難しい。日本では大量のオーバードクターやポスト・ドクトリアルを漂流させるもったいないことになっている。

また、東京や関西の超一流私大はその大学の大学院や学部の出身者が指定席のようにかなりを占めている。

大学教員の就職は形式的には「公募」でなされるが、そこは学内の実力者（時にボス教授、時に理事長など）の人脈や駆け引きで決まっていく。大学教員の就職が学内の力関係で決まっているとなると、学生の真面目な努力とは遠い世界になってしまう。〝うまい教員・やり手の教員〟とは相手によって、言うこと、すること、考えること、書くことの四つをうまく使い分けることの出来る人だとも言える。学内で予算を増やしていくには、よく〝根回し〟が必要だと言われるが、そういうこともうまい。そのうまい教授の元に仲良しグループが出来ていく。思えば、大学の教員の世界にもこうした浅ましい一面がある。

学者の勢力配置を見ると、憲法学者の八割は護憲派と言われる。しかし、護憲という考え方が必ずしも反体制とは言えない状況である。経営学者の分野では、「人に優しい経営」の立場の人の方が「効率主義の経営」の立場よりはるかに多い。

経済学者の分野では、近代理論の日本経済学会の会員数は一九六一年・七〇年・九三年・二〇一五年の変化を見ると、五一九・八六九・二二五五・二八〇〇人となっているが、マルクス学派の経済理論学会の方は（同じ時点で）六〇〇・八五九・一〇三一・九〇〇人となっている。

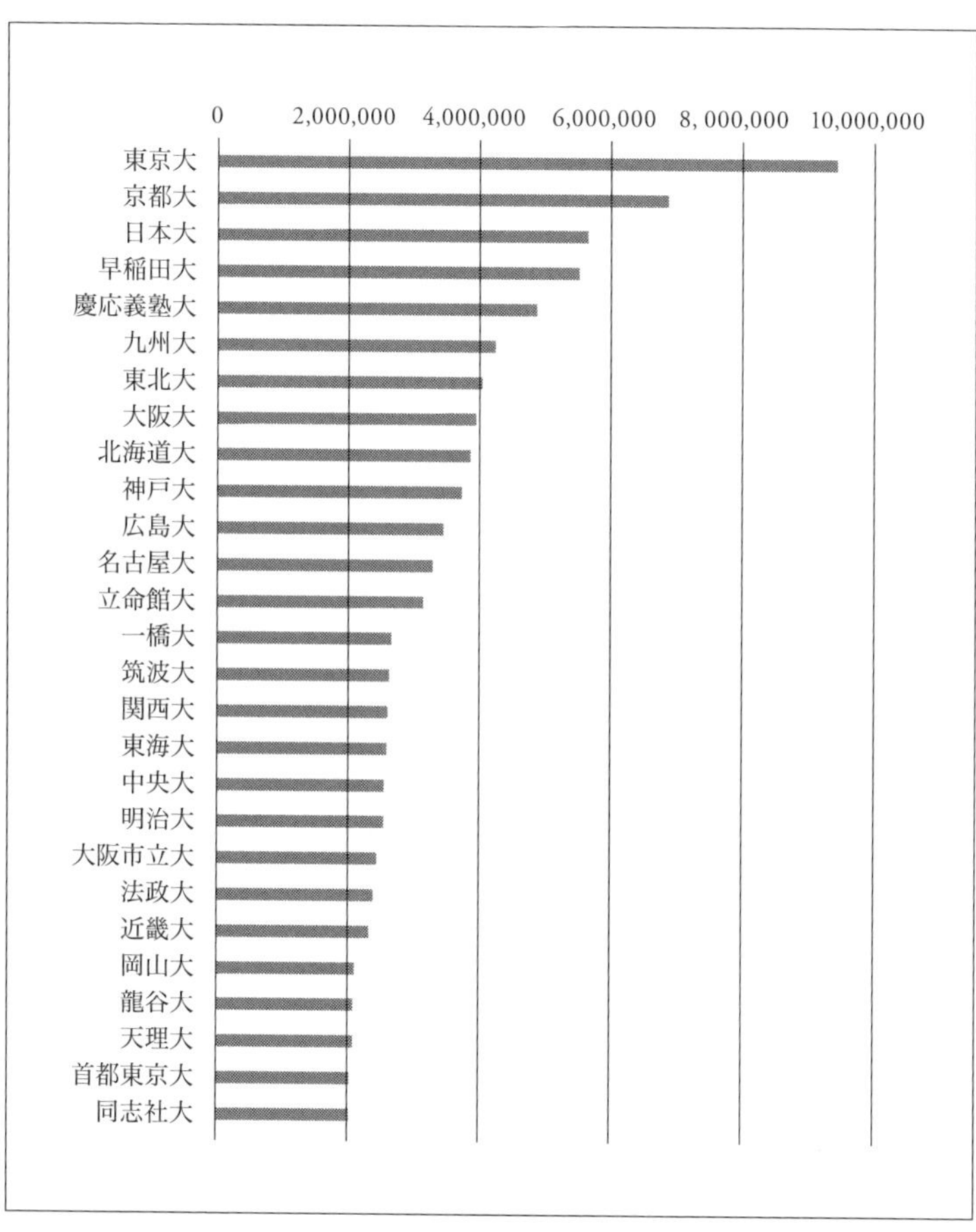

図 1-4　日本の大学図書館の蔵書数

なお、学生一人あたりの貸し出し冊数はよく比較されその数字の高さが学生の勉強意欲の現れのように言われることがあるが、図書館によって返却期日の締め切りに長短があり、貸し出し冊数にも違いがあるため比較は難しい。

大学の知性の中枢である図書館

大学の図書館は中枢神経だと言われてきた。これについて述べる（『図書館年鑑二〇一六』より計算）。国公私立大学・短期大学・高等専門学校を合わせた蔵書数は三億二七二六万冊、学生一人あたりの蔵書数は国立大学で一六四・五冊・公立大学で一四一・九冊・私立大学で九二・〇冊・短期大学で八一・五冊・高等専門学校で八五・三冊となっている。短期大学での蔵書数が少ないが、これは図書館のスペースの制約と予算の制約があり、それ以外の学校のようには図書を増やせない。個人からの寄贈や古書店から買い入れた本の中には書き込みがあることもある。なお、国立国会図書館の蔵書数は九六九九万冊となっている。

また、地方では大学の数は相対的に少なく、その分、公共図書館（都道府県立・市町村立・私立）の人口一〇〇人あたりの蔵書数は都会に比べて多い。例えば、福井県で六八八冊・鳥取県で六〇五冊・山梨県で五八〇冊に対して、東京都で三七〇冊・愛知県で二九〇冊・大阪府で二七七冊・京都府で二七〇冊となっている。しかし、公共図書館のない市町村は四四・九％になっている。

詳しく見ると、蔵書数では東京大の蔵書数が九四五万冊。二位の京都大学で六八六万冊とそれに続いている（「開成教育グループ」のホームページより）。

なお、二〇一六年度の国立大学の大学総経費は三兆一八四億一千万円である。

この表からわかることは多い。日本の防衛費がＧＤＰに占める比率と似ていて、大学総経費に占める図書館経費の比率はほぼ一％ということだ。学生一人あたりの図書数は国立大学で

表 1-10　図書館と予算規模に見る状況

	大学数	教員数	学生数	館・室	蔵書冊数	大学総経費に占める図書費の割合
国立大学	86	64,771	610,401	288	100,887,338	0.9
公立大学	91	13,294	150,513	136	23,057,122	1.2
私立大学	600	106,183	2,112,710	1,068	203,316,428	1.3
合　計	777	184,248	2,873,624	1,492	327,260,888	1.2
国立国会図書館					40,286,843	

2017 年 3 月調「学術情報基盤実態調査」2016 年から引用、計算

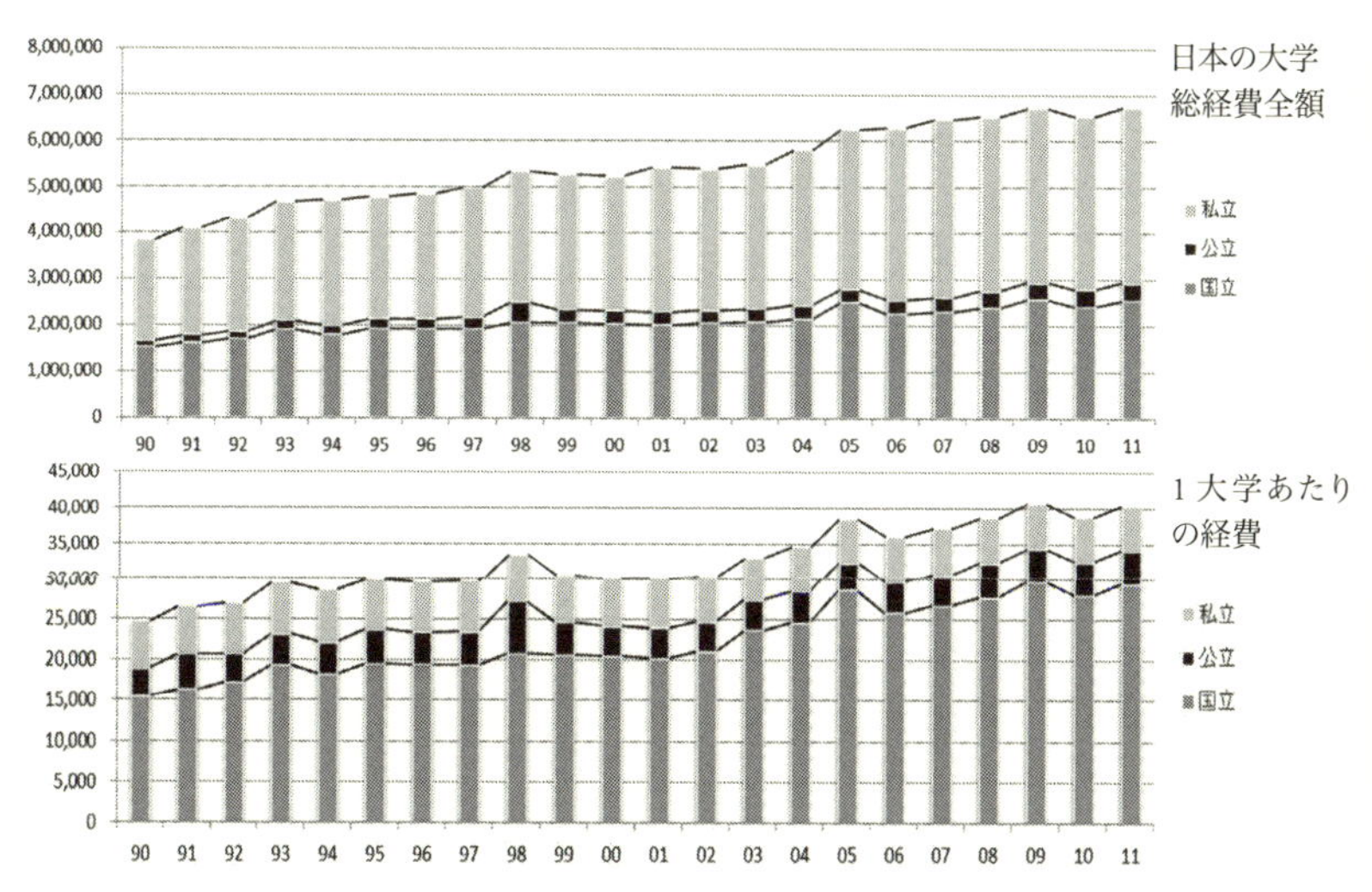

図 1-5　日本の国公私立大学の大学総経費

大学図書館実態調査報告・学術情報基盤実態調査結果報告より

表 1-11　東大生の家庭の年収

（2012 年）

450 万円未満	13.5%
450 万円～ 750 万円未満	13.8%
750 万円～ 950 万円未満	15.7%
950 万円～ 1050 万円未満	19.4%
1050 万円～ 1250 万円未満	9.4%
1250 万円～ 1550 万円未満	11.1%
1550 万円以上	17.1%

一六五・三冊、公立大学で一五一・一冊、私立大学で九三・七冊と差がついている。また、難関の国立大学では、理科系の占めるウェイトが高く図書費よりも実験実習費にお金を割かざるを得ない。

大学総経費のこの図は国立大学の経費の規模が圧倒的に高いことがわかる。これは国立大学にはお金のかかる理系を抱えているが、私学では安上がりで済む文科系の学部を多くせざるを得ない事情があり、そのことが現れている。

家庭の年収

表1－11は二〇一二年の東大生の家庭の年収を示している。約六〇％が世帯年収九五〇万円以上で一般家庭よりも約三〇〇万円多いが、年収四五〇万円未満の世帯が一三・五％、七五〇万円未満は累計二七・三％になっていることが注目される。たしかに、家庭の年収と成績には正の相関があろう。しかし、さほど豊かでない学生の存在もあることが注目される。所得や人間関係で家庭環境の厳しい学生をいかに成長させるか、成功への意欲をもたせる

表 1-12　主要国の GDP

（2016 年）

国名	2016 年	額※
1	米国	18,569,100
2	中国	11,218,281
3	日本	4,938,644
4	ドイツ	3,466,639
5	イギリス	2,629,188
6	フランス	2,463,222
7	インド	2,256,397

※世界の名目 GDP 国際比較統計の上位ランキングで、各国の名目 GDP と国別順位を掲載。単位は 100 万米ドル。米ドルへの換算は年平均為替レートベース。

かに大学は意欲を持って欲しい。

日本人の平均寿命も伸びた。西川俊作『日本経済の成長史』（東洋経済）での興味ある研究によれば、江戸時代一七二六（享保一一）年～一七七五（安永四）年の平均寿命は男で四九・九歳、女で四八・一歳だった。乳幼児の死亡率は極めて高かった。辛かったと思う。

戦後、日本は豊かになった。GDPは一千倍（一九四六年の四七四〇億円から五〇〇兆円）を超えた。厚生労働省の人口統計によれば、日本人の平均寿命も豊かさにともなって大きく伸び、世界有数の長寿国になった。スティーブ・パーカー著『医療の歴史』によれば、先史時代の世界人類の平均寿命は二五～四〇歳と推計されている。戦後の日本では、

昭和二〇年（一九四五）男五〇・〇歳、女五三・九歳
平成七年（一九九五）男七六・三歳、女八二・八歳
平成二七年（二〇一五）男八〇・八歳、女八七・〇歳

となった。

この平均寿命よりも約一二・五歳前に健康寿命の上限が訪れている。

しかし、〇～四歳の子供人口は最高時の昭和二五年（一九五〇）の一一二〇万人から今日の平成二七年の五一二万人へと半分以下になっている。世界の中では、日本の小中学生の学力のバラツキは小さい（『日本子供資料年鑑二〇一七』KTC中央出版　P二五五）。なお、子供の学力（正答率）と両親の学歴との相関も目立ち、家庭生活によって学力はばらついている（同著P二五五―二五六）。

だが、一五歳から三四歳のニートの数は五六万人と多い。家庭内暴力やいじめも深刻な状況になっている。社会が豊かになるということは、他方で新たな問題を生じることになっている。

文部科学省の指摘する日本の学力低下――同省ホームページより

我が国の子どもたちの学力は、国際的に見て成績は上位にあるものの、（1）判断力や表現力が十分に身に付いていないこと、（2）勉強が好きだと思う子どもが少ないなど、学習意欲が必ずしも高くないこと、（3）学校の授業以外の勉強以外の勉強時間が少ないなど、学習習慣が十分身に付いていないことなどの点で課題が指摘されているほか、学力に関連して、自然体験・生活体験など子どもたちの学びを支える体験が不足し、人やものと関わる力が低下しているなどの課題が明らかにされている。

楽観など出来ない日本経済の位置――GLOBAL NOTEのホームページから

アメリカ・中国・日本・西ヨーロッパ諸国の攻防は近年のナショナリズム（自国中心主義）の高揚

の中で全く予断を許さない状態になっている。長期的には、経済は人口の動向と教育レベルが影響してくる。その基本指標としてのＧＤＰをみると、あと三〇年後に日本の人口は三分の二へと急減する。連動して労働人口の急減、社会的サービスの低下、そして大学は三割減・短大は七割減になる。日本の特徴を活かしながら国際化し、外国人の協力を得ていく必要がある。なお、日本の企業は規制改革以来、アメリカ的競争原理を取り入れながら、日本的経営の三つの特徴〈永年勤続・年功序列賃金・企業別労働組合〉を根本に残しながら現在に至っている。

今日の日本の大学の問題

一　一九九五年の「科学技術基本法」はうまく実行されていない。

二〇一〇年四月日本学術会議の「日本の展望」………学際性の低さは先進国でも際立っている。文系の研究者や学部はアクセサリーになっている（新しく博士になった人の九〇％は理系。修士課程大学院生の六〇％は理系）。

文部科学省は低迷する四年制大学と短期大学の大半は「二〇一八年問題」と言われる高等教育の存在危機（この点は次章で述べる）に向けて、特徴の無いところを無理に存続させる方向を持っていない。むしろ、有望な専門学校の発展を考えている。

ひしめくポスドクの問題（理系の教員募集では七〇倍。文系で五〇倍が普通の倍率）。

二　経営管理の面でみると、大学進学率は五五％。

国立大学法人の予算毎年一％カットの重圧………背景には国債の残高が八三八兆円（二〇一六年

度現在）とＧＤＰの約一・八倍に膨らんでいる事情がある。

これにより、「今年度不開講」の授業が累増。

定員割れは四年制大学で約五〇％。短大で約七〇％。

受験生は関東と関西の大手私大へシフトしている。

問われる管理職の管理能力。

入学生を集めることが焦眉の課題になっている（他のことに目を向ける余裕はない）……他方、
私立大学への補助金の大幅削減はつづく。

三　大学教員の状況の面で情報化を取り入れることは望ましいが、それですべてが解決するわけではない。
社会のニーズは大学内での教育にあるのだが。

形式的に学位や論文数が問われるが、学内での教育とのギャップが大きい。

地方の国立大学から大都市の私大へ転職が進む。

研究費を多く集めることが目的化されている。

授業を雑用視する教員もいる。

学生への対応にとまどう若手教員もいる。

四　学生の状況の面で共通一次入試から入試センターテストへ、さらに多様な入試への変化は当初の意図とは裏腹に、受験競争を激化させてしまった面が大きい。
大学間の格差はついたままでの著しい学力の低下　学習意欲の低下（特に、経済・経営・商・社会）

……論文と作文の区別がつかない。数学能力の低さ。
「皆が大学へ進学するから、自分も進学した」という無理もない動機のなさ。
授業への出席率は、学年により異なる。
マナーの悪さもある。
総じて、大学へ持ち込まれた競争原理への対応に苦慮している実態がある。

参考（二〇一七年）
国立大学協会　八六大学　　　　　　　　　　　（注）未加盟校あり
私大五七三大学中　全体で日本私立大学団体連合会を形成
　私大連盟は一二三大学（理事長・学長は選挙で選出する）
　私大協会は四〇八大学（理事長・学長は世襲もある）
公立大学協会八八校
短期大学協会三一五校
全国各種学校総連合会（高等課程四四三校、専門課程二八一一校、一般課程一八〇校）

戦後の日本社会では多くの分野で内容よりもまずは形式から入って、アメリカナイズしようとするのが一般的である。規制改革も大学づくりも……。日本と日本社会の現実から出発した実践的な大学論議が必要ではないのか。

2　弱小短大・不人気四大の危機、そんな中で京都経済短大はどのようにして受験生を激増させたのか

一八歳人口は著しい減少傾向にあり、大学進学率は五〇％を超えながら、行きたくない大学や短大、予備校や専門学校は崩壊の危機にある。

四年制私大六〇四校の内で、定員を充足していないのは二三三校。そして、短期大学では定員割れと廃校続出。平成八年に五九八校あった短大は一九年後の今日三五三校に減少。

文部科学省の調査では、定員四〇〇人以下の大学・短大の定員充足率は八五％と最低で、定員四〇〇〇人のところでやっと定員＝現員となっている。

こうなった社会的理由は団塊の世代・団塊ジュニアの世代がくりかえされてきたが、それに続くジュニアのジュニアの世代の山が形成されなかったことによる。それは若年の低所得層が次第に増え、結婚しない若者の増加現象がひどくなってきたことによる。

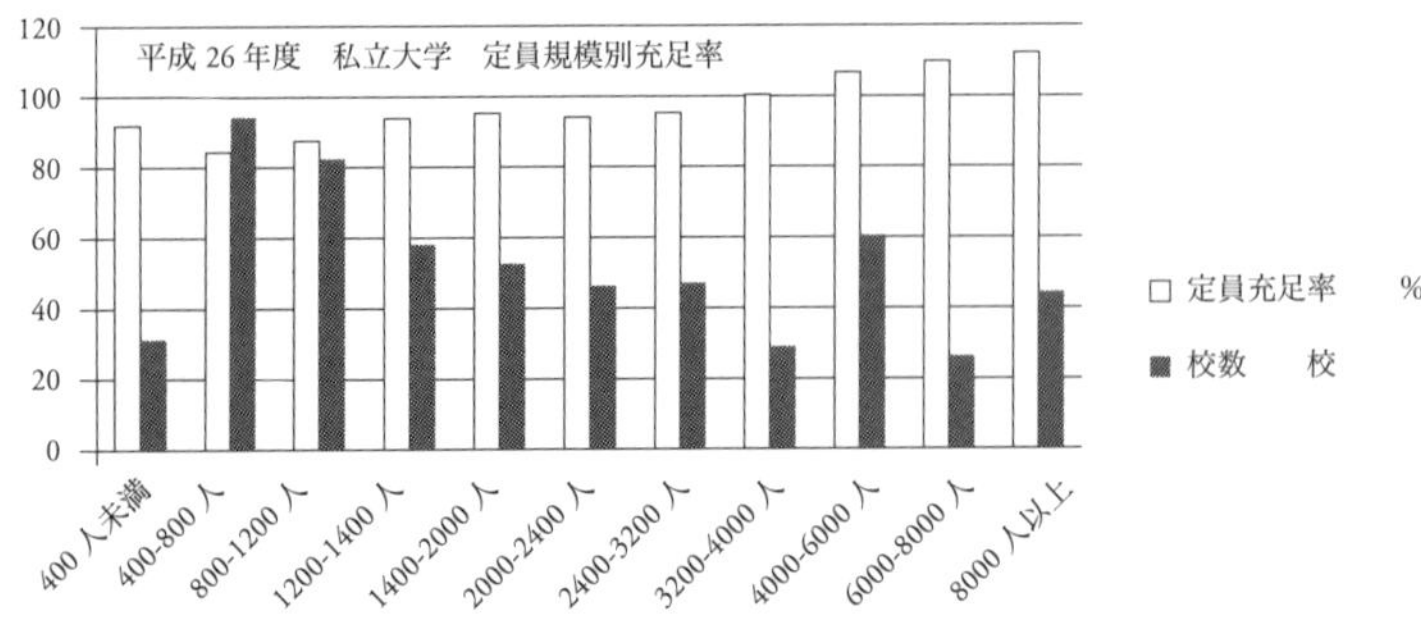

図 2-1　私立大学の定員充足率（2014）

受験生は小規模大学よりも大手大学へ、短大よりも四年制大学へ、地方より東海・関西へ、さらに東京へと動いている。

家庭の年収が進学にも影を落とす。四年制大学への進学率は年収が一〇〇〇万円を超える場合は六二・八％だが年収二〇〇～四〇〇万円で三三％、二〇〇万円以下だと二八・八％。

実際、私立の四年制大学と短期大学約六〇〇校には日本の学生の約八〇％が在学しているが、私立の四三％が定員を割っている。戦前・戦後の「大学はつぶれない」という状況は一変してしまっている。

マンモス私大でも、東京の早稲田・慶応・明治・法政・立教の五大学や関西の同志社・関学・立命・関大の大学では、理事長の集まり・学長の集まり・入試担当者の集まりが年に数回行われ、調整はなされるが、対抗心は激しい。続く、日本一受験生数が多くなった近畿大学が迫ってきている。関東の日大・東洋大・駒沢大・専修大や関西の近大・京都産大・龍谷大・甲南大も大手大学間の競争の渦の中にある。しかし、いずこも、大学のおかれている状況と無縁の世界で過ごす教員や職員を抱えながらの状態だ。もはや、形だけの学長は不要。大学には経営戦略に長けた人物、実践家・行動家こそが必要になっている。

この京都経済短期大学も例外ではなかった（片親家庭も多い。他方、ともかくはこの短大に入学して四年制大学への編入を試みようとする事情もある）。日本のすべての大学の内で私立大学の学生数は全体の七五％。私学への入学者数は景気の動向に左右されてきた。上記の数字も平成の長期不況とともに現れたものとも言える。

迫りくる「二〇一八年問題」とは何か？

日本の人口が二〇一八年頃から減少していく（二〇一五年までは総務省「国勢調査」、二〇一五年以降は人口問題研究所「日本の将来推計人口」より）。

少ない人口がますます少ない子供を生むという危険な状態になってしまう。

そして、大学進学者数も減っていく。日本の一八歳人口は、一九九二年の二〇五万人をピークに二〇〇九年の一二一万人へと激減したが、この時期、大学進学率は二七％から五〇％に伸びたため、進学者は逆に増加した。そして、大学生のレベルも下がった。二〇〇九年以降の一八歳人口は、ほぼ横ばいの状態は二〇一七年頃まで続くが、推計では二〇一八年以降減少に転じ、二〇三一年には一〇四万人まで減る。大学進学者数については、進学率も伸びないと予測されるため人口減少分が

表 2-1　2018 年問題

終戦時	7,215 万人
1967 年	1 億 20 万人
2008 年	1 億 2,808 万人
2015 年	1 億 2,711 万人
2060 年	8,674 万人
2100 年	4,959 万人

そのまま影響し、二〇一八年の六五万人から二〇三一年には四八万人にまで落ち込んでいく危機的状態にある。もはや、無策の大学や短大は座して壊滅を待つ以外にない。

この中で、地方の私立大学の公立化が顕著になってきている。二一世紀に入ってから乱造された地方の公立大学は大学の敷地は無料で提供され、授業料は私立大学よりかなり安く設定され、ともかくも存立してきた。二〇一四年現在、全国の公立大学は八六校。ところが、一八歳人口の減少は私立の短期大学や地方の小規模大学のみならず、こうした公立大学の経営危機の問題を顕在化させてきた。地方都市に大学を残したい地方都市と大学を存続したい大学側の思惑や利害が一致する結果の副産物である。

近年の公設民営大学の例

稚内北星学園大学
千歳科学技術大学
東北公益文科大学
東北芸術工科大学
石巻専修大学　（公私協力方式）
いわき明星大学　（公私協力方式）

日本社会事業大学
諏訪東京理科大学（公私協力方式）
小松短期大学
四日市大学（公私協力方式）
姫路獨協大学
福山平成大学（公私協力方式）
長崎国際大学（公私協力方式）
九州看護福祉大学

また、薬学部の新設も今世紀に入って多くなされた。その理由は今後六五歳以上の人口が増え続けることも前提して、医薬分業の下で処方箋調剤の需要、つまり薬剤師の需要が続くとされたことにあるが、乱立のため定員を割る大学も多い。

ともかくも、大学の拡大路線には急ブレーキがかかっている。

恐るべし「底辺大学ツイート特集」——NAVERのホームページから

「経済の授業で文章を一人一分ずつ読ませるんだけど〝債務、需要、建設、堅調〟が読めないし、書けない。誤字を書いても平気なようす。

底辺大学は意識も底辺だから会計士を目指してる友達などできないけど、授業に出なくても単位を貰えるのがメリット。

底辺大学では授業中に生徒が寝ないように大音量で映像を流す。耳が痛い。

底辺大学の生徒が新卒カードとか言っているけど、どーせ中小にしか入れないんだから気にするだけ無駄。みんなが行っているからと合同説明会なんか行っても、そこに出している企業は一流大学の生徒にしか興味はない。ハローワークに求人を出すのは金のない企業なんで、派遣会社の紹介予定派遣を利用すべし。」

底辺大学の教育レベルが低い、というのは、入れた大学の責任以上に「そんなレベルの生徒を卒業させた中学・高校」の責任を問うべきだと思う。「講義は中学レベル、入試は受験すれば合格。」

「大学へ行かないと就職が出来ないなんて本気で思ってる人がいるの？　それで借金して底辺大学へ行った挙げ句、『年収二〇〇万程度では奨学金の返済不可能』とか言ってるの？　中卒でも肉体労働すれば、とりあえず一〇代の内に年収三〇〇万は超えるのに。」これでも大学か。

京都経済短期大学　近年の入試結果

過去五年間の短大からの一般編入試験合格大学には、横浜国立大学・信州大学・島根大学・滋賀大学・神戸大学・大阪市立大学・同志社大学・関西大学・近畿大学・駒澤大学・京都産業大学・龍谷大学・大阪経済大学・大阪経済法科大学・京都橘大学などがある。

学生一人あたり約一〇〇万円の年間納入金なので、一〇人減で一〇〇〇万円、三〇人減で

多くの受験生を迎えています。異常な盛り上がり。

私学の宿命で、定員の± 30%の枠に収める必要がある。でないと、補助金を大きく減らされる。

この小さい短大での出来事は今日の日本の大学の縮図といいうる。

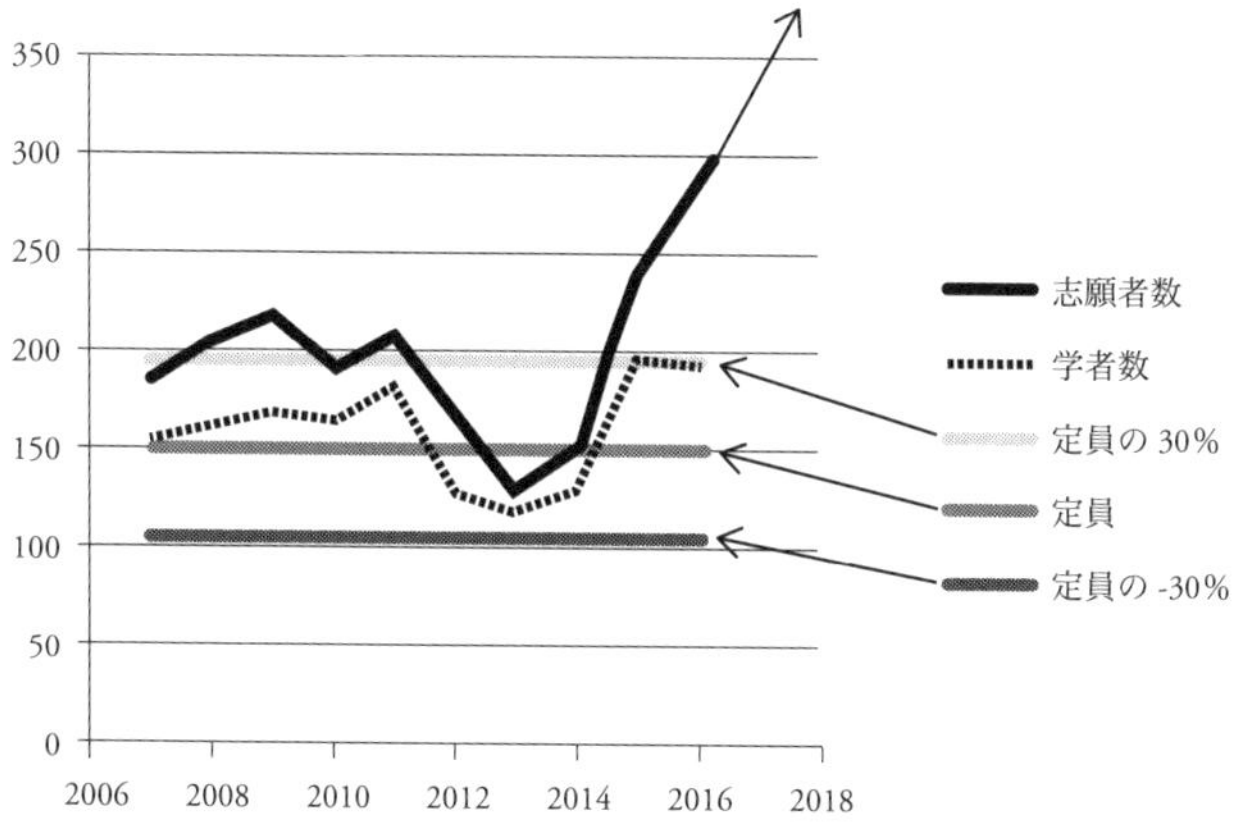

図 6　京都経済短期大学の志願者数・入学者数の変化
※定員 150 名　私学は定員の± 30%以内でないと補助金のカットや削減がある

表 2-2　京都経済短大の志願状況

	志願者数	入学者数	定員の 30%	定員	定員の -30%
2007 年	184	156	195	150	105
2008	203	162	195	150	105
2009	217	169	195	150	105
2010	194	164	195	150	105
2011	208	182	195	150	105
2012	169	127	195	150	105
2013	130	118	195	150	105
2014	151	130	195	150	105
2015	238	196	195	150	105
2016	286	194	195	150	105
2017	379	189	195	150	105
2017 年 4-8 月のオープンキャンパス参加者数	617 名（昨年 443 名）			10 月の入試受験者数	72 名（昨年 44 名）

三〇〇〇万円、五〇人減で五〇〇〇万円の収入減。当然、経営側からは教職員の削減や非正規の増加が主張された。食堂の経営も厳しくて、理事会から資金援助をしてもらうほかなかった。これでは、学生へのサービスが低下するが、少々は飲まざるを得なかった。「お荷物の短大」を背負うのは気が重かった。

「募集停止」「廃校」が囁かれる中で、私は五年前に学長になった。代々、学内の教員から学長は選ばれてきたが、初めて外部から選ばれた。複雑な人間関係もあったし、京都人がほとんどのところへ大阪人の学長が急に入ってきた。他所から入ってきた社長と同じ。職員に直接指示すると、「ご意見は直接の上司から伺います。」と却下された。こんなことがありうるのかという状態だった。京都の人はかなり婉曲に話すが、大阪の人はズバッと言ってしまう。つまり、「よそ者の学長」だった。一体、どうすればいいのか。

参考
二〇一七年の離婚率（人口千人あたり）は
大阪は全国三位の二・〇八人
京都は全国二七位の一・七八人

はっきり言って、教員の様子はその大学の入学偏差値に連動しているといわれるが、確かにそれはあった。難関の国立大学や有力私学では、あまりの変人は選考段階で排除されるが、自分の可愛い弟子を入れ込もうとする有力教授の力がはたらいてくることがある（「弟子は自分の子供より可愛い」）。他方、最低レベルの私学では、経営者（理事長）が人事の決定権を握っている場合がある。

しかし、少々内向き志向でお人は良かった。不振の組織では、目は内向きで内輪もめが増え、外へ向かって打って出ることをしなくなる、つまり、目が学外に向きにくい。この短大でもそれはあった。地ならしに一年半。教職員にも、理事者にも、学生やその保証人の人たちにも心を開いて話し合い、悩みに融けこまなければならなかった。人員削減の危機、食堂廃止の声が渦巻いた。目に見える成果を出すのに二年かかった。この同じ時期、大阪は守口市の文化振興事業団の理事長をしていた。こちらでも赤字が続き年度はじめの予算の段階で赤字が計上されていたが、予算も決算もわずかだが黒字に変えていった。決意して、巧みな戦略をもって、挑みかかっていけば必ず事態は好転すると信じて前に進むことにした。

京（都）の地の特徴

京の面積は唐の長安の四分の一だが、江戸時代から学者が多く住んだ。家康に仕えた金地院崇伝・古学の伊藤仁斎・石田梅岩・山脇東洋も京の人だ。これらが混然一体となって、幕末の尊王攘夷思想が形成されていった。日本で最初の小学校が出来たのも京都市。（明治五年（一八七二年）の「学制発布」よりも前の明治二年に創設の京都市立乾隆小学校がそれ）。日本最初の勧業場という工業試験場が作られた（明治四年）のも、同じ年に博覧会が開催されたのも、翌明治五年に近代図書館「集書院」が出来たのも、明治二八年に市電が開通したのも京都が最初。

また、今日、学生の多さは京都市の人口対大学生の人数が一〇人に一人、東京二三区で一八人に一人、神戸市で二二人に一人。国内の就学旅行先も京都が多い。世界からの旅行客も世界一が京都。京都人には独自のプライドがあるが千年もの文化を保ってきたのは海外のさまざまな先進文化を取り入れてきたことにある。京都には多くの歴史が刻まれ残されていることが知られているからだろう（もちろん平安時代以降の歴史。古代から近代までの歴史の痕跡はお隣の滋賀県に多くある）。京都と行っても本当の〝京都〟には伏見区は昔は伏見市だったので含まれない（宇治市は「宇治の人、京都へ行くて言わはる」として昔からの京都ではないとされる）、右京区もそこから独立した区になった西京区も伝来の京都には含まれない。更には、昔は下京の方が商人が多く祇園祭でも上京よりも華やかだった。それに、「祇園祭の中心は四条河原町やなく、鴨川よりも東は中心やおへん。中心は新町通りの方どしたんえ。」京都の人に「京都弁はよろしいな。」等というと嫌な顔をされる。「京都弁やおまへん。京言葉ていいよし。」と返される。そして、大阪は経済的実力が京都の三〜四倍になった今日でも、中心の京都からは外れた、そんなに行儀のいい所ではないというのが、昔からの京都人に染みついた大阪についての観念だ。京都と大阪は風の匂いからして違う。私は今は大阪人だが、小学校卒業までは京都で過ごしたのだから、うまく付き合っていこうと心に決めた。

　ここで、京都・大阪・東京の簡単なスケッチをしておこう。今では、京都は観光都市になっているが、かつてはモノづくりの工業都市・商業都市だった。第一次大戦まではこれらの都市は〝三都〟と呼ばれ、その生産額は、東京・大阪・京都の順だった。京都の業者グループのつながりは独特で「悉皆屋」と呼ばれる業者集団で、客のどのような注文でもこの業者グループで引き受ける。江戸時代に流行ったお伊勢参りから京都観光という遠距離の（宿と荷物運びの）サービスもこのグループでやり遂げていた。際立った特徴を持っていたと言える。これは今日「京都試作ネット」として息づいている。

　少々の不満は抑え、結束を保って、勝ち抜こうとする京都の伝統は生きている。思想を問わず、今日も上位上級に向かって下の者が反抗することには抵抗が強いのも京都。また、京都に生き続ける工業の伝統は京都市の南部と西部に多い。例えば、任天堂・村田機械・京セラ・日本電産・ワコール・オムロン・日本電池・島津製作所・堀場製作所・日新電機・大日本スクリーン等有数の企業が

近世京都地図（図1）

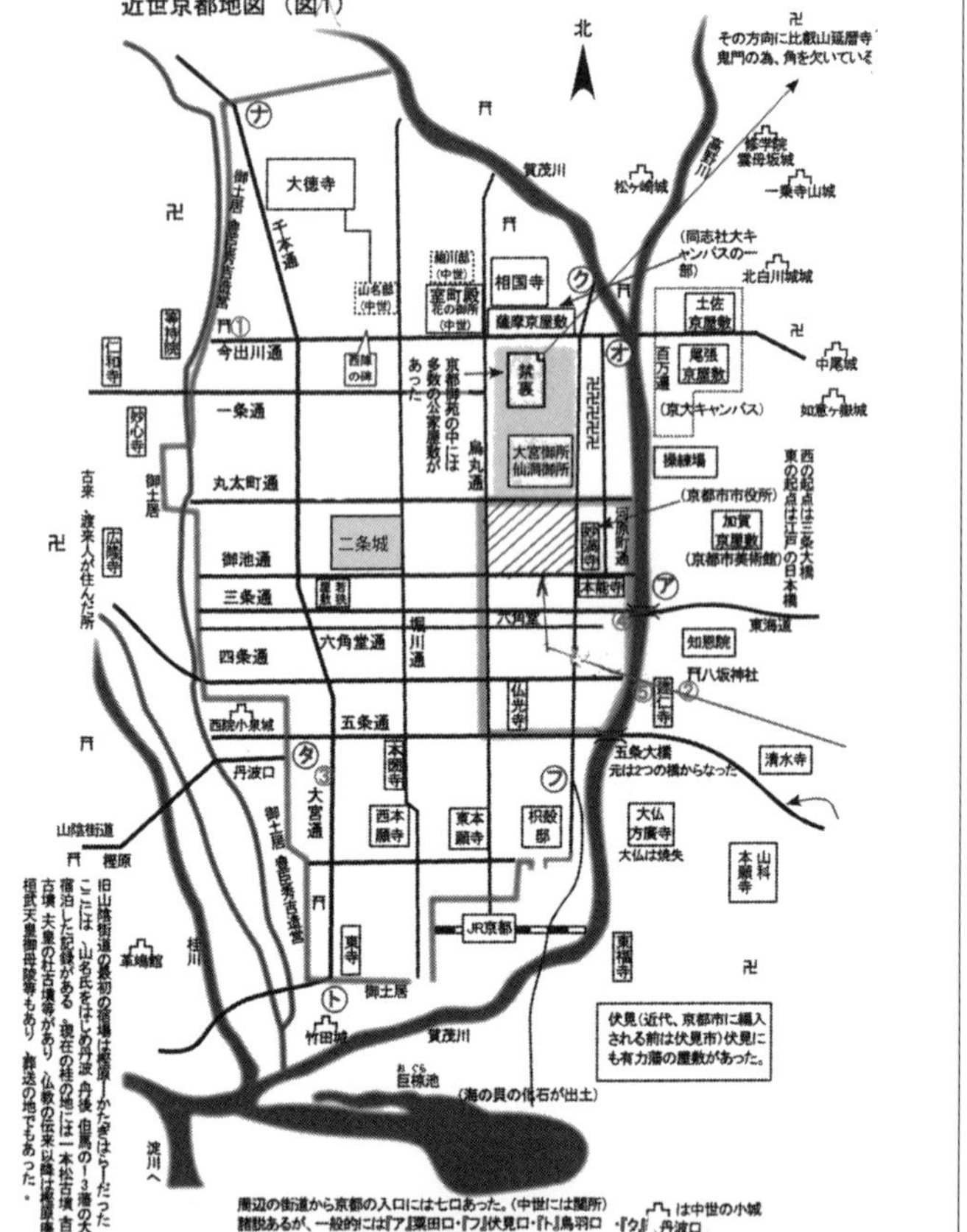

北

その方向に比叡山延暦寺
鬼門の為、角を欠いている

修学院
雲母坂城
一乗寺山城
松ヶ崎城
高野川
賀茂川
大徳寺
千本通
御土居 豊臣秀吉築造
山名邸（中世）
細川邸（中世）
室町殿 花の御所（中世）
相国寺
薩摩京屋敷
（同志社大キャンパスの一部）
北白川城城
土佐京屋敷
尾張京屋敷
百万遍
（京大キャンパス）
中尾城
如意ヶ嶽城
今出川通
西陣の碑
禁裏
京都御苑の中には多数の公家屋敷があった
大宮御所 仙洞御所
一条通
烏丸通
丸太町通
操練場
（京都市市役所）
西の起点は三条大橋 東の起点は江戸の日本橋
加賀京屋敷（京都市美術館）
仁和寺
妙心寺
等持院
御土居
古来、渡来人が住んだ所
広隆寺
二条城
御池通
三条通
本能寺
河原町通
六角堂
東海道
四条通
六角堂通
堀川通
知恩院
八坂神社
仏光寺
建仁寺
西院小泉城
五条通
五条大橋 元は2つの橋からなった
清水寺
本圀寺
丹波口
大宮通
御土居 豊臣秀吉築造
西本願寺
東本願寺
枳殻邸
大仏 方廣寺 大仏は焼失
山科本願寺
山陰街道
樫原
JR京都
東寺
東福寺
革嶋館
桂川
御土居
竹田城
賀茂川
巨椋池
（海の貝の化石が出土）
淀川へ
伏見（近代、京都市に編入される前は伏見市）伏見にも有力藩の屋敷があった。

旧山陰街道の最初の宿場は樫原－かたぎはら－だった。ここには、山名氏をはじめ丹波、丹後、但馬の1－3藩の大名が宿泊した記録がある。現在の桂の地には一本松古墳、百々池古墳、夫皇の杜古墳等があり、仏教の伝来以降は樫原廃寺や桓武天皇御母陵等もあり、葬送の地でもあった。

周辺の街道から京都の入口には七口あった。（中世には関所）諸説あるが、一般的には『ア』粟田口・『フ』伏見口・『ト』鳥羽口・『タ』丹波口・『ナ』長坂口・『ク』鞍馬口・『オ』大原口。

（城の記号）は中世の小城

京の6つの花街、①上七軒、②祇園甲部・祇園東、③嶋原、④先斗町、⑤宮川町

京都の六地蔵尊

1．奈良街道－大善寺－伏見六地蔵　2．西国街道－浄禅寺－鳥羽地蔵　3．丹波街道－地蔵寺－桂地蔵
4．周山街道－源光寺－常盤地蔵　5．若狭街道－上善寺－鞍馬口地蔵　6．東海道－徳林庵－山科地蔵

伏見城を含む「洛中洛外屏風図」（現存する4双の一つ）

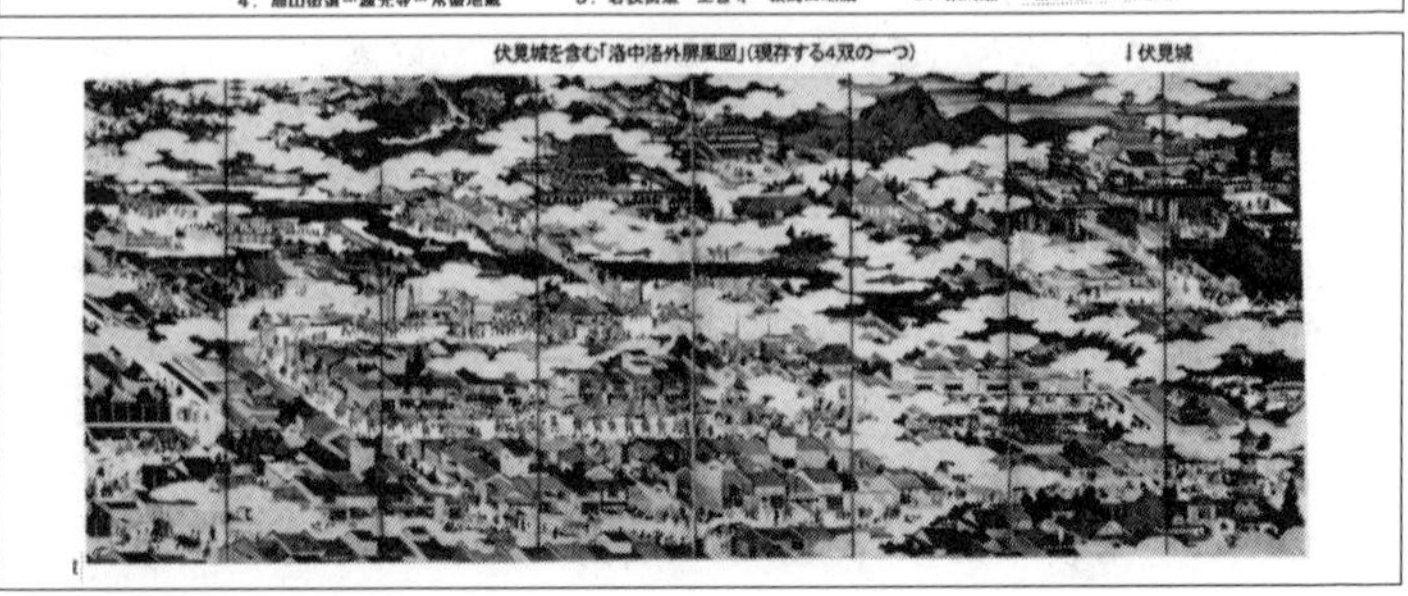

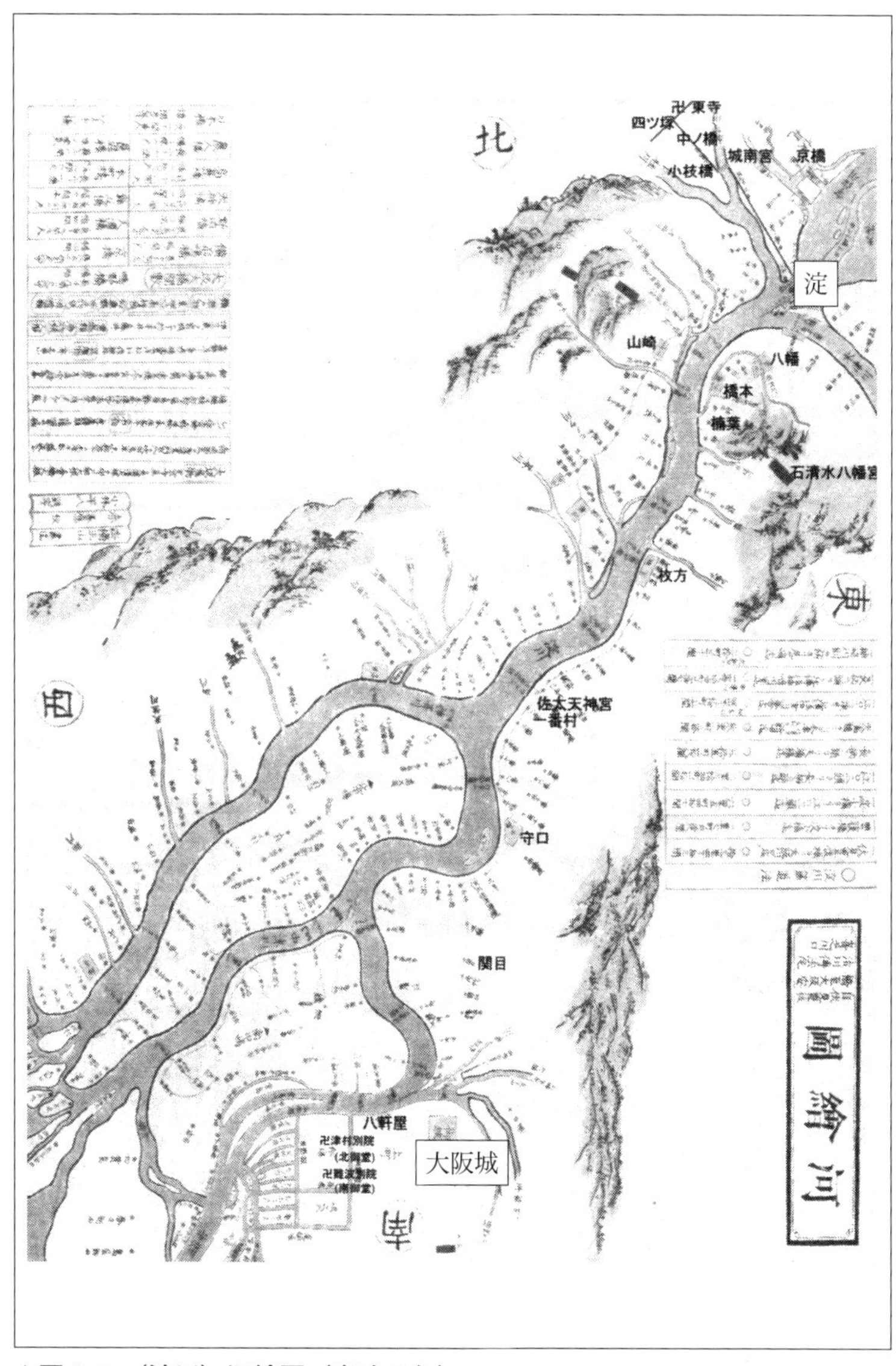

▲図 2-4　（淀川）河繪圖（寛政 9 年）

▶図 2-3　教材：近世京都市内図〈拙作〉

表 2-3　現代（2016 年）の三都の数字

	人口（万人）	面積（㎢）	人口密度（人）	県民所得（兆円）
京都府	264	4,613	572.2	11
大阪府	885	1,905	4,651.2	39
東京都	1,226	2,187	5,516.2	92

表 2-4　京言葉、大阪弁、標準語

京言葉	大阪弁	標準語
そうどす	そうだす（そうだっか）	そうです
寒おす	寒おます	寒いです
ボンクラ	阿呆	馬鹿

ある。また、伝統工芸士も中京区の一六一人・上京区一一三人・北区一〇一人など八五一人がいる（『伝統工芸士名簿』より集計）。今日では、人口や人口密度、県民所得は表2－3のようになっているが、その気位の高さと大学と文化の拠点都市の位置は明らかだ。

京の都は桓武天皇が延暦一三年（七九四）に平安京を開かれてより明治二年の東京遷都までの一〇七五年間、御所が機能していた。

江戸時代、藩は約三〇〇あったが、そのうち大坂に蔵屋敷を持っていたのは一三〇藩、京屋敷も持っていたのは西国を中心に六八藩だった。同志社大学の敷地部分は薩摩藩、京都大学の敷地の一部は尾張藩の京屋敷が元になっている。幕末期には現在の京都大学付近はさほど賑やかではなかった。また、明治四年の「神仏分離令」までは、仏教の僧侶が神社を管理したり守ったりしていた。だから、今日は八坂神社のことを〝祇園さん〟と呼んだりしているのはそれであるし、北野天満宮は境内に多くの寺坊を抱えていた。

京都と大阪の違いが理解されないこともあるが、京言葉と大阪弁は次のように異なる。共通するのは、「そやさかい」（そうだから）・「はんなり」（陽気で優しい）など。

また、「天下の台所」大坂の傑出した商人は一七世紀の淀屋常安であり、大名貸が恨まれて潰されたが、一族の淀屋清兵衛は鳥取を拠点に日本海貿易を仕切り、大阪商人の生命力を見せつけた。

もっとさかのぼれば、遣唐使はいつも大坂の住吉の地から発着していた（住吉大社は千八百年大祭を四年前に行った。四天王寺は創建一四一六年、難波京から一三六五年、平安京よりはるかに古い）。大阪は国際文化交流の拠点だった。

食べ物では、京阪神では正月に白味噌雑煮を食べる。京都、奈良、大阪、神戸には日本の文化財の六割が集中している。だから文化庁の京都移転が決まった。

戦後の民俗学では、東日本と西日本の対比が注目された。「東の囲炉裏と西の釜戸」「東の湯と西の風呂」「東の馬市と西の牛市」「東の蕎麦と西のうどん」「東の鮭・鱈と西の鯛」「東の豚肉と西の牛肉」「東の番と西の衆」「京の着倒れ、大阪の食い倒れ」

同様に、東京では東京大学は加賀藩の上屋敷を元に、霞が関は廣島藩と尾張藩の上屋敷を元に形成された。慶應義塾大学は島根藩を、お茶の水女子大学は鳥取藩を、明治神宮は彦根藩を元にしている。なお、江戸の上屋敷は大名が居住し、中屋敷はその控えの屋敷であり、下屋敷は別邸として、江戸城から離れた郊外に置かれることが多かった。

なお、大阪のために述べておくが、七一〇年設立の平城京よりずっと以前の五九三年〈推古天皇元年〉に四天王寺は建設されている。大阪の硬い岩盤部分の上町台地には四天王寺・生玉神社・大

図 2-5 「江戸城のいまむかし」より

阪城・船場と島之内がある。

他、誤解として出されるのは日本の国旗や日の丸が明治以後の軍国化の中で取り入れられたとする意見であるが、実際には飛鳥時代末期に国号を「日本」（日ノ本）と命名したところから来る。また、国歌の君が代は『古今和歌集』（古今和歌集巻七賀歌巻頭歌、題しらず、読人しらず、『国歌大観』番号三四三番）で初句を「わが君は」とされていたものをアレンジしている。「我が君は千代に八千代に さざれ石の 巌となりて 苔のむすまで」がそれで、幕末までは天皇家の葬儀は仏式で行われていた。史実である。

また、京都の豪商は江戸時代初期においても商品貨幣経済の発展の中で力を発揮していた。大阪の経済が京都を抜いたのは江戸時代半ば以後で、それは北前船などの航路開拓が影響したと見られている。それまでは、敦賀～琵琶湖を通る〝鯖街道〟が主だった（『江戸時代人づくり風

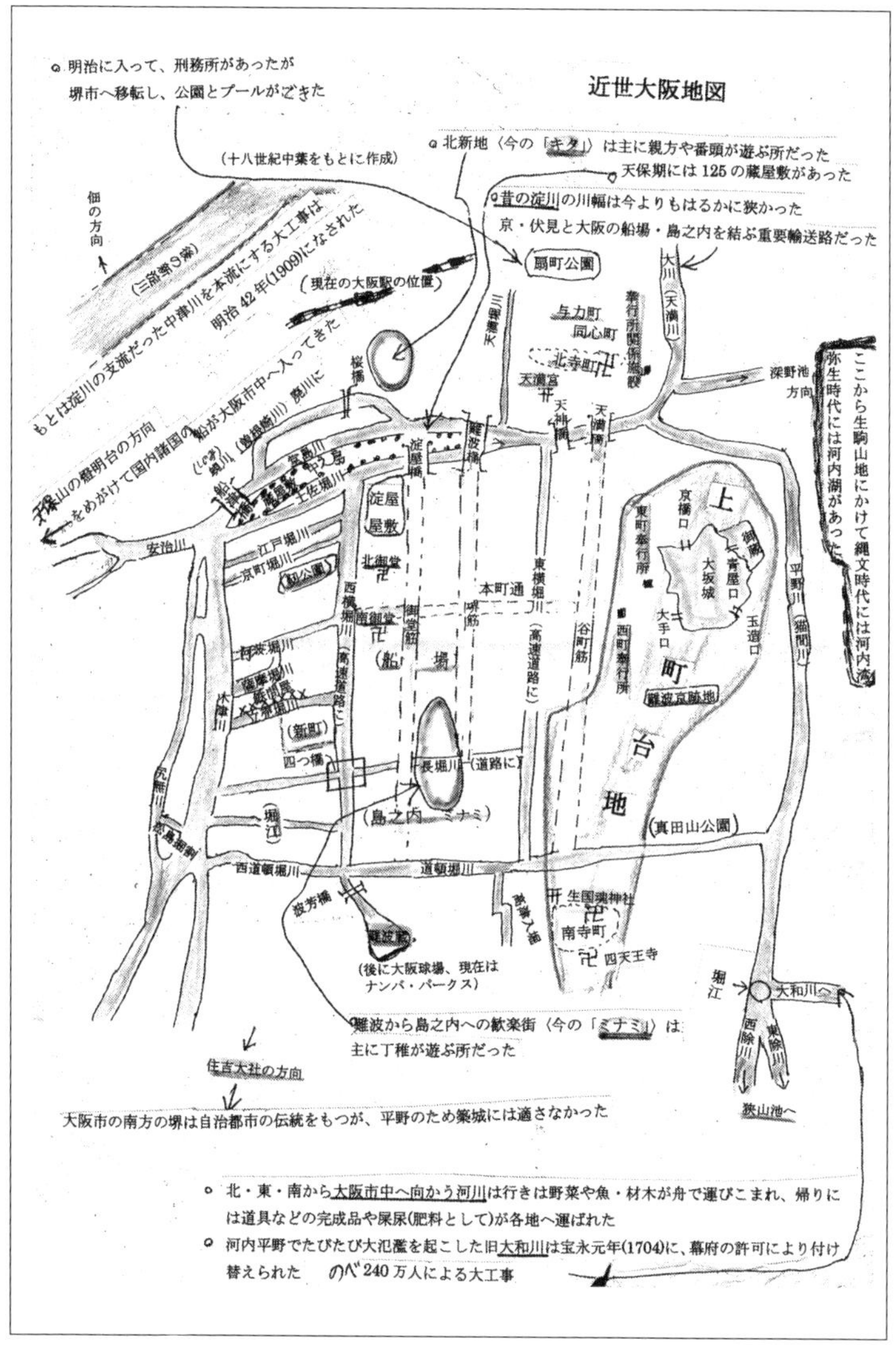

図 2-6　教材：近世大坂の地図（拙作）

土記・京都』農山漁村文化協会）。大阪の本当に古い所は船場・島之内と呼ばれる江戸時代からの大阪の中心部で、この辺りは現在も本当にゴミの極めて少ない美しさが保たれている。

将来、東京の人や企業と出会うこともあると思う。大阪は侍の少ない社会で、町年寄に大阪の市中の支配が任されていた。このことが官僚的でない個人主義的な大阪を作ってきた。東京の人に比べて、大阪の人ははっきり物を言う。女性の靴の色もカラフル（東京では黒っぽい色）。新入社員の背広も同じ紺色でも東京に比べて明るい。しかし、今日日本の大学の約半分は東京にある。

京の地は「大学のまち京都」と言われてきた。京都には国公私立大学と短期大学が三七校、学生数は約一一万人で、京都にある大学の存在が京都府市に与える経済効果は約一〇％に上ると言われている。この京都で大学短大が生き抜き勝ち抜くことはまた容易ではない。

腹わたの煮えくり返る状態……さて、京都経済短大は定員を割っていた、ピンチの時期にはその赤字分を系列の二つの高校に負担してもらっていることの辛さ。毎年、ホテルでやっていた「卒業を祝う会」も学生食堂でやるかという声まで出てきた。入試の時の（教職員の弁当代も支出してもらえず）教職員に味噌汁や汁粉の配布も卒業式や入学式の飾りの盛花代も学長が自己負担せざるを得なかった。公務での電話も自分の携帯電話を使うことがほとんどになった。人員の欠員補充は延期され、空室になった研究室も短大以外の他の部署で使われることになった。元々、短大の教室は少ないのに。土壇場だった。精神的にも追い込まれていった。涙を流している余裕などなかった。しかし、あくまで円満に穏やかに対応してこの大ピンチに耐えて大胆に早急に事態の打開に向かうべきだと考えた。たかが知れた自分の人脈を頼りに、できるだけ多くの役に立っていただけそうな、四年制大学や京都の企業人と接触していった。

組織を前へ進めるには

小規模とは言え新たな職場で指揮をとるには、ともかく人間関係が一番大切だ。どこでもいろいろな人がいることは覚悟していた。どこの企業でも似たようなことがある。愚痴の多い人、同僚の悪口を言う人（どうも思想の違いから来るようだ）、いつも「私には責任はありませんから」と言う人、アクションの遅い人。嫉妬・悪口・縄張り意識。負の意識は何時でも顔を出してくる。四〇歳前後になれば、その人の生き方や考え方、仕事の仕方には型が出来てくる。それでも、気を取り直して、時間をかけて誰とでも仲良くしていこうと考えた。しかし、どうしても納得の行かない人もいた。服装はルンペンのような格好で清潔に気をつけないのが日常の人だった。学内外で常軌を逸している人もいた。最初はできるだけその人をかばうようにしたが、私が親切にすると、やがて私に噛み付いてくる人もいた。この人は病気で亡くなったが大変だった。

企業でもそうだが、変化を好まない（新しい仕事で忙しくなる、疲れるから）か、直ちに成果が出ることだけにしか動かないかの態度も気にはなったが、教員や職員の皆と一致点を見つけたり確認することはいつもした。そして、自分が先頭に立ち抜刀して（入学者増や難関大学への編入増、学生の希望の就職先への訪問など）切り込む姿を見せることにした。当たり前のことだが、教育の世界は何と言っても、学歴がものを言う社会だ。私の寂しい学歴を嘲る人もいて、悲しい思いをしたこともあった。

普通、企業や行政の社会では、上司は強い決定権と支配権をもつが、中規模以下の私学の場合はしかし、座して死を待つわけにはいかないから。折角、世評の低い大学や短大の場合は理事長に権限があり、学長の裁量権はそれほど大きくない。だが、自分の責務が与えられた以上、これが運命と思って、作戦を練り、人の三倍動けばきっと結果は出ると考えた。

知らない学長を担ぐことに抵抗もあったと思うが、ともかく、自分の心底からの「善良」な熱意を貫いていくことにした。人が一年かけて知ることを一ヶ月で知ろうとした。そのために助かったのが、メモだった。就任して一年目が経った頃、会議の中で経営側のある人が私に「いつも何をしているのですか？」ときつく問いかけてきた。私は即座に自分のびっしりと用事が書き込まれた手帳を開いて見せ、「二四時間すべてをこの学園と短大のために使っています」と答えた。限られた時間（誰にも平等に与えられた資源）の中で、いかに効率的に成果を上げるかは経済学で言うパレート最適の発想に似ている。やがて、学内には「この学長は身を粉にして動いている」と理解されるようになってきた。私は細目に渡る作戦を立てるよりも、いつも次の行動をイメージしながら動くのが性分だ。年中、集中してはやって行けない。教職員の中で、目覚ましい成果を上げる人もたくさん出てくるようになった。そして、志願者は増え続け、悲願は達成された。

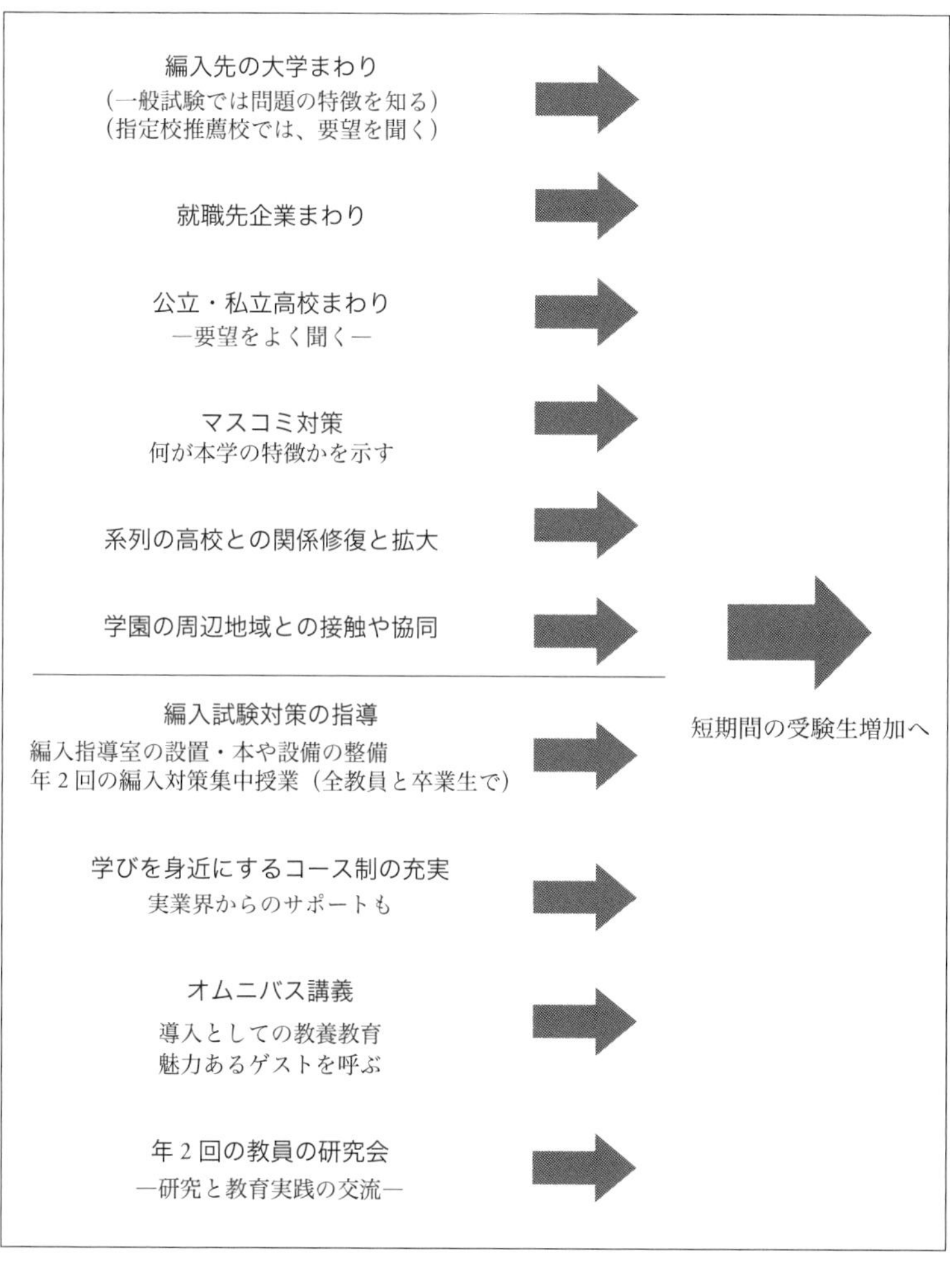
編入先の大学まわり
(一般試験では問題の特徴を知る)
(指定校推薦校では、要望を聞く)
就職先企業まわり
公立・私立高校まわり
―要望をよく聞く―
マスコミ対策
何が本学の特徴かを示す
系列の高校との関係修復と拡大
学園の周辺地域との接触や協同
編入試験対策の指導
編入指導室の設置・本や設備の整備
年2回の編入対策集中授業（全教員と卒業生で）
学びを身近にするコース制の充実
実業界からのサポートも
オムニバス講義
導入としての教養教育
魅力あるゲストを呼ぶ
年2回の教員の研究会
―研究と教育実践の交流―
短期間の受験生増加へ

「選ばれる短大」にするにはどうすればいいのだろうか……？

普通、大学や短大の経営危機に対して、よく打たれる手は学部や学科の増設や看板の付け替え（〝環国人情政福、つまり環境・国際・人間・情報・政策・福祉〟と呼ばれる大学名や学部名の看板の書き換えが現代のニーズに合っているとされ、設置認可でも通りやすいとされる風潮があった）と定員増加。しかし、定員を割っていて、定員増加や学科の増設は認可されにくい。……こういう形だけの「改革」ではうまくいっても一〜二年の効果しかない。失敗すればさらに危険な状態になる。逆に、定員を減らして、縮小均衡を目指して、失敗するところも多く、明るい展望など開けない。

キャンパスの移転や改装……お金がかかって無理。

よく言われるように、大学や短大の名前を消せば、どこのことかわからないような宣伝や中身が多い。実は、こうならないような特徴を打ち出すことが好転へのカギではないかと感じた。

よくあるのは、日本の大学の学長は学内での行政や政治はしても（時には、好きでも）、大学の経営に弱い人が多い。そして、高校回りや企業回りを熱心にやれば何とかなるという考え方。……しかし、なんともならないのが現実。高校を回って、逆にマイナスの印象やマイナスの効果を与えてしまう教員はどの大学にもいる。学長が直接回って来るようでは、この短大はよほど困っているなと受け取られることもある。高校側も甘くはない。ともかく形だけ回るのでは同じように動いている同業者には勝てない。私が訪れた多くの高校の進路指導室には各大学が手土産として持ってきた菓子が積み上げられていたが。

ところが、他短大（花嫁修業や専門学校よりましと言った短大進学の動機も多い）にはないちょっとした特徴は四年制大学への編入希望者が少なからずいることだった。ここを徹底的に宣伝を強化することが現状を打開することになるかも知れないと思った。ところが、教職員の中には「それでは、四年制大学への予備校のようになり、特徴が出ない。」「やはり、女子が多数を占める、就職中心でこそ短大だ。」といった、硬直した考え方・新たな仕事を嫌がる反応が改革を妨げてきた。それでも、編入というニーズの必要性を説き、驀進することにした。新しいこと、仕事が増えることに大学の教員は本能的に抵抗し易い。

では、お金をかけずに（今ある経営資源・人的資源のままで）正攻法でやるしかないということになった。普通、予算を増やして、広告を増やしていくしか事態は打開出来ないと思う大学人は多い。そして、お金をかけることに経営側は肯きにくい。まさに、今日の大学は悶々とした中にある。お金が少々減らされても、無いものねだりではなく、今の教職員と過去からの経験の上に立ってジャンプするしかない。つまり、教育の質の良さを引出し、アピールしていこうと。たった一〇名の専任教員が量ではなく持てる力で質の改善をやろうということになった。小粒でもキラッと光る学校にしようということになった。教職員数・学生数や資金力では大手の大学に軽く負けるし、真似もできない。四年制大学の抱える問題とは異なることもある。

経済的理由で四年制大学への進学を断念して、入学してきた者も多く、そのニーズを思い切り引っぱり出して実現してやることが大切と考えた。若い人たちの生き抜こうとする意欲の灯を消してはならない。

この短大ならではの少人数教育、特に編入学先別の個別指導、一対一の就職指導は大手の私大や花嫁修業の短大にはないものだった。依拠すべきはここだと思った。マスコミの取材にも徹底してこのことをアピールした。

そこで、打った手は……

① 入学から卒業まで、何を学ぶかを年度初めのオムニバス講義で学生に納得してもらう。この工夫は学生によく理解された。

例えば、共通テーマを「企業」「経営」「京都」「情報」「学ぶ楽しさ」などにして、学長が司会をして、中身のある掛け合いの中で授業を進めるもので、さまざまな大学教員やゲストと大講義を進めるのは（私は）以前から慣れていた。毎回、変わって登場してもらう教員の持ち味は一人づつ違う（物静かな人もいれば、一人で喋り続けようとする人もいる。打ち合わせたテーマと違う方向へ走り出す人もいる）ので、本当は自分の授業をしている方が気分は楽だが。

学生にとっては、複数の教員が壇上に並んで共通テーマで話したり、司会者との掛け合いで授業が進められたりと退屈しない授業だった。ゲスト・スピーカーもキャンパスの周辺の人たちに来てもらい。地域の歴史や地域の環境、ここの学生の様子について話してもらい、いい反応を得た。

② 卒業してからの就職が明るいという実績づくり

学生一人一人の名前と顔が一致する教職員。これが少人数ならではの短大の長所でもある。毎週の就職ガイダンス（出席チェック）をやり、学長をふくめた教員の企業への依頼をすすめた。就職して本当に役立つように、コース制を整えた。

産經新聞　平成２５年（2013年）４月１５日　月曜日　（第三種郵便物認可）

公開できない授業なんてダメ 大学の先生の頭って古いんです。

大学改革、かかってこい！ ❶

京都経済短期大学学長　岩田年浩さん

「授業が上手な教授を育てなあかん」。少子化が進み大学間の生き残りをかけた競争が激化する中で、京都経済短期大学の岩田年浩学長（67）はこう語る。自らも会長を務めたことがある経済教育学会の教授陣らに日頃の授業を一般公開し、お互いの切磋琢磨を呼びかける。日本の大学改革とは…。授業の質にこだわる〝教育改革者〟に必要なことを聞いた。

（聞き手　菅沢崇）

——昨秋、全国約1000人の経済教育学会の会員（教授）らに、授業の巧みさを競うため「かかってこい」と題した挑戦状をメールで送ったと聞きました

岩田　大学教育の重要性を今一度再確認する上では授業の改善が必要。自分たちの授業を見学してもらい、感想を聞いたかったんです。これ、大学では不思議なことにタブー視されてますけど…。全国私立大学の45％が定員割れという現状なのに、大学教員の側には緊迫感が薄い。正攻法で授業とかカリキュラムとかを見て、受験生がこの授業を受けてみたいと思うような改革を教員でやらないと駄目なんです。

——反響は？　反対はなかったのですか

岩田　数人は毎回来られるようになりました。東京から来た先生もおられました。これまで関西の数校で教鞭をとりましたが、授業の公開など口にしたら、それは教授陣から恐ろしい抵抗ありますわな。自分の授業に自信持つ人少ないし、古いんですよ、大学の先生の頭っていうのは。

——学内でも困惑があったとか

岩田　学生を対象に授業をしたらよいのか、それとも学外者に向くべきかわからないというんです。これは教育を駄目にする議論。これ人に見せられないような授業、大したことない論文など、やめはった方がよろしい。学内にテロリストが侵入するかもしれんという人もいましたな。結局、オムニバス講義で、先生をかえて15回。会計、経営、情報、経済のそれぞれの専門の先生が色々な角度で話すことで落ち着きました。

——「満員御礼」の垂れ幕が下りる授業はメディアでも取り上げられました

岩田　他流試合を考えたのは32歳の時。授業の仕方がわからないから、他の先生に見せてくださいって言ったらすべて断られました。学生さんにテープレコーダーで録音してもらって研究しましたが、面白くない。日本の大学生は勉強しないっていわれますが、文系の授業は退屈なんです。

——授業に興味を持たせるにはどうするのですか

岩田　まず大事なのは笑顔。それから学生が興味を持つ話をする。例えば最近のニュース。モノの値段が上がるとか下がるという具体的な話には学生が食いつく。それに就職の話。2年前と比べて就職状況がどうなっているとか。こうした〝つかみ〟や〝ほぐし〟で学生との心の壁を取り払う。難しい経済学の話でも、例えば『需要供給曲線』だったら、モノを買う人と売る人の2チームに分かれてもらう。そしてこの食パンの値段はいくらが妥当か尋ねる。買う側チームはこの値段で買いたい。売る側はいくらで売りたいってなったとき、この意見をまとめたのが需要供給曲線ですって実感させる。いかにゲームっぽく授業するのかも、時には大事です。

（沢野貴信撮影）

いわた・としひろ　昭和21年京都市生まれ。神戸商科大（現在の兵庫県立大）大学院経済学研究科博士課程修了後、経済学博士を取得。関西大教授や大阪経済法科大客員教授を経て、昨年4月に京都経済短大の学長に就任した。平成20年から3年間、経済教育学会会長も務めた。専門はマクロ経済学、経済成長論、経済学教育論。著書に「教授が変われば大学は変わる」（毎日新聞社　平成12年）、「科学が明らかにした投資変動の予測力」第3版（学文社　21年）など17冊。

新 関西笑談

〈参考 1〉「大学改革かかってこい」産経新聞記事

経済ファイナンス・企業マネジメント・流通ビジネス・会計経理・情報システム・秘書・ITマネジメント・ソーシャルビジネスコース。

これらは学問分野とともに実務分野を大きく取り入れたコース制だが、企業の実務担当者には面白い話をたくさん知っている人がいる。先のオムニバス講義には業界のプロにゲスト・スピーチをしてもらい、そのついでに、学生の就職も頼むことにした。

③ 教員本人は熱心に授業をしているつもりでも、反応がイマイチの授業に（その担当者と事前に打ち合わせして）授業の進行係として顔を出すことにした。当初、中にはあまりにも困った「学者」もいた。一人で話し続け、進行係が口をはさむ余裕を与えない。

アメリカの大学では大学院で教育実践のチェックをするが、日本ではなされていない。教育よりも研究ばかりが評価される体。この中で、私が感じたのは教員の目が内向きになり、ひどい場合は自分のことだけになってしまい、同僚の足を引っ張るだけで、ますます組織は沈滞するということだ。目を外に向けて切り込んでいく。外へ広がる組織を作ることが大切だ。思考回路が内向きになっており、沈む方向の人は決して健康的な明るい表情をしていない。

④ 授業を市民に公開しようと着任直後の教授会で議論しても、「テロリストが学内に入ってきたら、どう責任を取るつもりか」と抵抗する意見まで出てきた。日本の大学の教員は小中高校の教員と違い、自分の授業や研究室は自分だけの閉鎖的な世界になりがちである。だから、他人が入ってくることを好まない。しかし、ドアも窓も開かなければ受験生は来ない。そして、同僚でも、自分の専門以外の教員との研究の有機的な交流も少なく、授業の公開を嫌うのは一般的だ。「専門研

究を新入生に見せるのではありません。ご専門の基本的なところをお話いただくのです。私は進行係ですから。」と説得し実力で押し切った。

⑤　四年制大学への編入の成就

実績のアピール（編入希望者の一〇〇％が編入学し、学生数の三〇％が編入を果す。全国平均は三・六％で五二〇〇人。一二年前は一万三八〇〇人だったが）。

学生の就職のための企業訪問もそうだが、四年制大学をまわって編入の担当者と打ち合わせる時（協定校編入なら、どういう学生を送るのがいいか、一般編入の試験先ならペーパーテストと面接について）も時間をかけて相手先を訪問しようと考えた。ある職員は「学長が頭を下げて訪問されると逆効果ですわ」と言った。その発言に対して、私は「ペコペコ頭を下げてまわるのではありません（これは世の中を知らない五流の学長がすることだ）。もちろん上から目線でもなく、こちらの短大の実績や学生の頑張っている様子をズバッと伝えるのです。」と答えて、学外へ飛び出していった。

三年目に入って、現役生の口コミと高校の先生方の進路指導、マスコミの記事が効果を表してきた。今日の四年制大学のかなり多くは、無気力の学生を多く抱えているので、「勉強したい学生や真面目な学生を取っていただけませんか」と真剣に訴えた。

国公立大学や有名私学へ編入した、卒業生のアシストは教員以上に学生に身近で効果的だった。勉強しやすい、編入対策室の設置も大きかった。

これらが、教職員の存在意味の自覚にもつながった（「ただの事務的な仕事じゃない」）。金はないが、人生が切り開けるということで、毎年の人気沸騰で、四年制大学への編入希望者は三五％を超え、京滋短大での入学偏差値も四二と下から三番目だったのが四六と上から二番目に跳ね上がった（ベネッセの www.finfleur.com/ より）。今後の入試でさらに上がろう。

新たな試みに対してはどこの大学であっても、教員は腰をあげようとしない人がいる。学長の仕事は教員の意見を聴くとともに、強いリーダーシップがなければ存在意味はない。教員によって得手不得手があり、皆同じようには出来ないが、ともかくも一緒に動き、受験生が増えていけば満足感は広がる。しかし、そういう私も試行錯誤と落胆もあり、これを乗り越えるのはそんなに得意でも容易でもなかった。この短大の場合は大きな組織になり、複雑になった大学に比べて、意思決定に時間がかからない。学長のマインドは貫徹し易い。その分、学生教育の現場・企業との接触・編入先の大学の接触の現場の様子を捉えて対応しやすいという利点があった。

普通、教員は短期大学から四年制大学へ職場を変えるが、この数年この経済短大では現在四年制大学の専任教員の人も短大教員採用テストを受けに来ており、中から優れた人を採用した。安定した短期大学の方へ移動が生じている。

こうした苦労を乗り越えていく中で、学内外の人たちと私自身も穏やかに接していった。相手の目を見て、表情を穏やかにしていった。

学長の姿勢は学内外に反映してしまう。学生から遠い存在・威張り・事なかれ主義ではダメだ。大学人は人間は変われることを信じて進む必要がある。

3　学生指導こそ大学づくりの根本

考えること、覚えること、人を育てること

いかに、早く正確に問題に回答できるかが、現代の進学の価値観になっている。それがテストの点数につながり、入学する大学のレベルにつながり、人生の幸せに大きく影響すると考えられているからだ。この因果関係は現実のとおりだ。しかし、ここで注意しなければならないのは、もはや現代の日本人は「考える」ことをやめたのかと言いたくなる現状だ。

青色発光ダイオードの開発者中村修二氏（ノーベル物理学賞受賞者）が「超難問のウルトラクイズみたいな大学受験システムが、つまらない人間をつくりだす元凶だ」と言っていたが、日本人の本当の賢さの芽をローラーで踏みつけ、伸びる芽も摘み取る平な教育が（美しいとされ）戦後まかり通ってきた。こういう状態を肯定すると、日本人の創造力は制約されてしまう。

教えることをどう考えるか？

今日の日本の家庭の事情は様々である。その中で教育について、子育てについてどのように考え

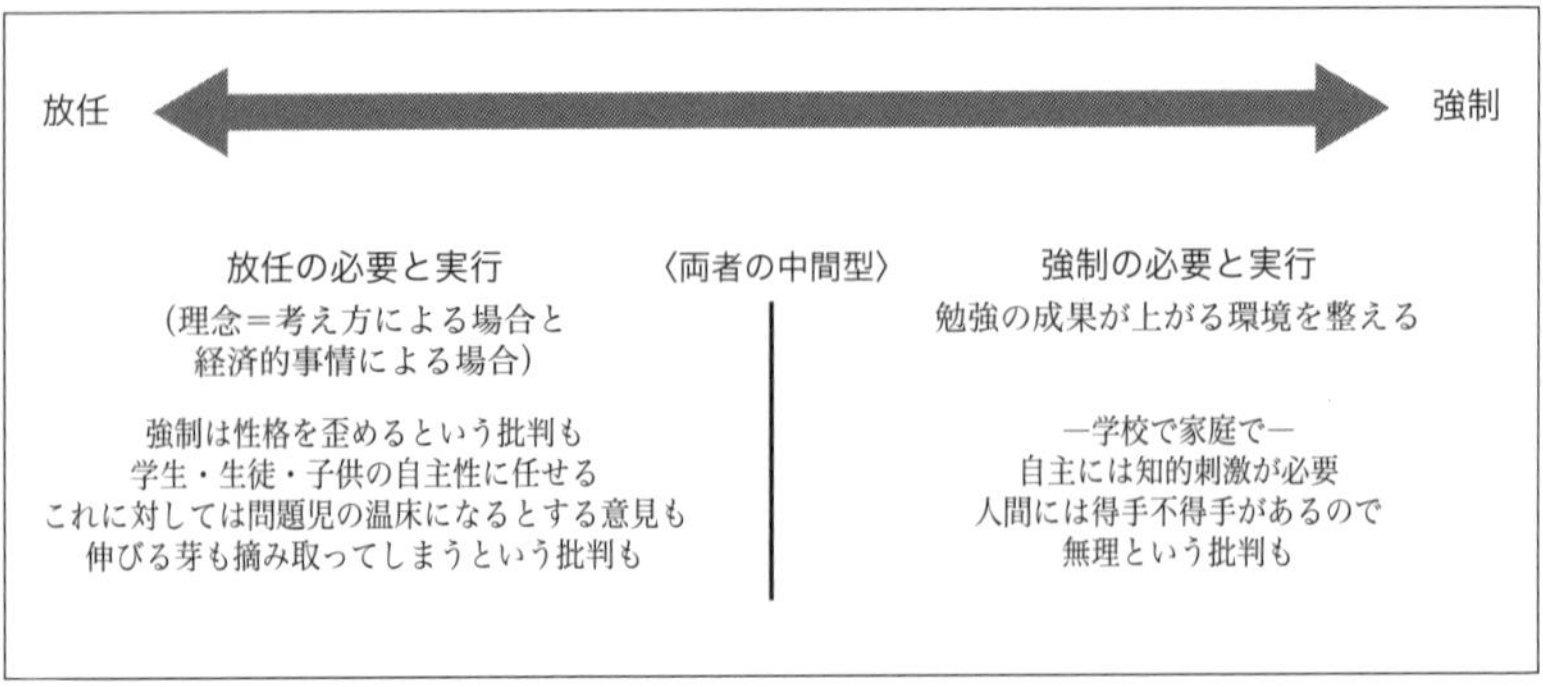

放任 ⟷ 強制

放任の必要と実行	〈両者の中間型〉	強制の必要と実行
(理念＝考え方による場合と 経済的事情による場合) 強制は性格を歪めるという批判も 学生・生徒・子供の自主性に任せる これに対しては問題児の温床になるとする意見も 伸びる芽も摘み取ってしまうという批判も		勉強の成果が上がる環境を整える ―学校で家庭で― 自主には知的刺激が必要 人間には得手不得手があるので 無理という批判も

実行するかも一様ではない。―放任か強制か―は教育学の論争の根本問題であった。教育思想の始まりの頃は、そして経済発展の未熟な中では強制なくして人は育たないという考え方が主流だった。日本の場合もそうだったが、戦後民主主義は放任の方向へシフトした。学校の先生方も児童・生徒を本気で叱る人が減った。今日はそれに対する反省の方向に向かっている。

〝勉強は楽しいこと〟ではなく、〝辛く、苦しい嫌なこと〟という観念を身につけて高校を卒業しているのが大まかな傾向である。その結果、国語力がない、ディベートが出来ない、人と話すのが苦手というのが若者の共通した特徴になっている。経済的に余裕のある家庭でも、過保護に陥ったり家族のふれあいも少なく、家族の多くがエリートの場合には、成績の良くない子供は精神的に苦しく追い込められ、孤立する例はよくある。

また、教員の世界でも分限免職という制度が苦しみをもたらす。

参考

分限免職とは、その意に反して公務員の職を免ずる制度の一つであり、

（1）勤務成績が良くない場合

（2）心身の故障により勤務に支障があり、又はこれに堪えない場合

（3）その他、官職に必要な適格性を欠く場合

（4）官制・定員の改廃又は予算の減少により廃職・過員を生じた場合に適用される。

懲戒免職とは 公務員の規律違反に対する制裁としてその職を免ずる制度。

学力の問題や勉強のやる気の問題を経済的条件だけで説明するわけにはいかないが、そして学力テストの成績を学力の指標にすることには納得されない論議もあるが、表3－1の示すように学力テストの上位県は北陸から東北に連なっており、いずれも、持ち家比率の高いところになっている。持ち家比率の高さは家族数が比較的多く、家族の中での会話が盛んなところと見てもよかろう。何気ない日常会話の量はいろんなことを学ぶことに繋がるのではないか。

さて、次元も分野も異なるが、こちらの編入対策での指導で、五人のグループで「日本の金利が上がると、貿易にどのような経済的影響が生じるか」という問題を勉強していた時、「金利が上がると円高の作用が生じて、輸出は減る」という答えで決着がついた。しかし、何か釈然としない一人の学生がいた。どうしたのか尋ねると「先生、日本の金利が上がると、円の値打ちは世界で高

表 3-1　学力テストの成績と家族の会話力

学力テスト上位県		持ち家比率上位県	%
1 位	福井県	秋田県	78.4
2 位	石川県	富山県	77.5
3 位	富山県・秋田県	福井県	77.4
4 位	秋田県	山形県	75.5

注）学力テスト上位県のデータは都道府県データランキングのホームページ 2017 から、持ち家比率上位県のデータは『日本こども資料年鑑 2017』KTC 出版　より。

く評価されますが、企業はお金を借りにくくなりますね。」と食い下がってきた。早く、次へ進みたい学生にはこういう学生は〝足を引っ張る〟〝足手まといになる〟学生でしかない。点を取り、編入学試験で合格することだけを考えている学生は深くは考えない。優秀な点を取る学生が揃っている大学なら、学生の点数レベルはほぼ均質になっていて、教員には楽だ。また、日本の大学のゼミなどであるテーマについて議論する場合、リードする立場の教員の意見にうまく収斂していく意見が、多数にうなずかれる意見になる。これこそ、日本社会に歴史的に根を張ってきた、日本人が気にしないで受けいれてきた空気ではないだろうか。

教員はだれでも、児童・生徒・学生の成績が高くなることを願うが、しっかり考えて欲しいがそんなことに関わってばかりではいられない。こういう教師のジレンマはいつもある。先の質問をした学生を時に「問題児」とあっさり断定してしまう教員では今日の大学現場ではやってはいけないことだ。

頭がいいということは既成の多くのことを正確に早く覚えることになっているのが日本社会の通念になっている。覚えることを軽視・敵視する人もいるが（よく覚えてきた人がそう言うと説得力がある)、記憶することは大切だ。私の御室小学校の三・四年生時代の担任は島根県から転勤してきた（瀬田きよみという）先生で、島根で元総理の竹下登氏を担任された。氏の物を覚える様子を話して頂いたことがある。総理をされている頃、机の上に受け取った名刺を並べて、会った時の特徴を名刺にメモされる習慣を新聞記事で読んだ。これは私も真似をしていくことになる。

暗記。今日の日本では、受験勉強に欠かせない事になっている。編入試験を受けようという学生たちも暗記や記憶は苦手のようだった（得意なら、他所へ行っているだろう）。私の若い頃に評判だった、岩田一男著『英単語記憶術』（カッパ・ブックス）を教材に特訓教室を開いたが、それほどの反応がなかった。そこで、本の中のイラストをコピーして、イラストの周りに英単語の関連を手書きで書き込むと反応が良かった。視覚に訴えるのが効果的だった。この本は語源を基礎に単語を束ね、同義での品詞の違い反義語をまとめているので能率的だった。英語が嫌いで入学してきた学生に英語で自信を付けるのにこんな手を打った。日常用語になっている英語はそのまま大量に並べる、イメージをかき立てる冗談や時にダジャレも混ぜる、同義語や対になっている単語をセットにする。派生語を数珠つなぎにして示す。勉強会の雰囲気は上々だった。勉強のおもしろさを知らせた。

人間は〝ああかな、こうかな〟という試行錯誤の中で頭もセンスも人格も鍛えられるはずだが、一八歳の成長期に覚え込ませるだけになってしまう。これは教育とは言えないのではないか。そこで、時間はかかるが考えながら前へ進む勉強・指導も取り入れてみた。

考える事は楽しい。実はこういう私の姿勢は後のコラム（風早悟著『キャンパスの追憶』の第一章）

とも重なるが、小学校三・四年生の頃に経験したことだった。これは勉強とは考える事だと以後の人生の糧として効いた。知識が足りないことを知り、学び始めて欲しい。解けなかった問題が解ける、英文が読めるという学ぶ喜びを感じ始めたら教員としてありがたい。

また、どこの大学教員と接していてもよく感じるのは、戦前ほどではないが教員の立場は社会的により高く評価されているためか、学生や世の中と距離があることがステイタスになっている。日本の大学社会の風潮もあり、そういう振る舞いが目立つ。学生の話（勉強の悩み、家庭の悩み、恋の悩み、将来への不安など）を聞くことは普通得意ではないし、しない。学校と違って大学の教員の教育とは講義やゼミの指導のことで、学生の知的意欲を支えるといったことは「一八歳を超えた、選挙権まである人間に何の世話が必要なのだ」と言う人さえいる。しかし、学生たちのこうした実態に踏み込み悩みを共有しなければ、何も進まない。

大学の教員にも学校の教員にも共通しているのはサラリーマンやＯＬと違い、就職した時点で一人前として扱われ、職員とは別の世界で生き、俗世間とは距離を保つことが習性のようになってきたことだ。そして、女性の教員の採用は少し増えてきたが、引き続き男権社会の傾向は強い。

中には、教員の同僚や学生に対して平然と「バカ」という難関大学出身の人もいた。力任せに学生に暴力を振るう教員までいた。仕事そっちのけで、同僚の悪口を吹聴して自己満足する教員もいた。

大学教員の悩みは深い。学生も、入学段階で完全に勉強も人生も諦めていて、手の施しようのない学生もいたるところにいる。

学生に勉強の楽しさを知らせるには、少しずつ、連続して勉強させ、問題を解かせていく。小さい問答を繰り返していく。入門的問題を解かせて自信をつけさせる。少し難しい問題に挑戦させ、出来なければ解き方をわかりやすく教えるほかない。出来た場合は褒める（褒めすぎない）。

編入先の出題予想を立てて、万全の準備をさせる。こうした経験は一〇年前に大阪経済法科大学で、より難関の他大学への転入試験で実行し成功した。当時の時事問題では〝日米の経済関係〟が出ると予想して的中した。

大切なことは自分の大学生の知的レベルや性格（レベルの高い大学では教員に噛み付いてくるのが多いし、学習意欲そのものが無いままに入学している大学もある）に合わせて、事前に授業の準備をする必要があるということだ。

しかし、大学の教員は学生の生活や家庭の悩みについては、「それは大学教員の仕事ではない」と対応しない人が殆どになっている。今の時代はそういうことでは成り立たない。私が籍を置いた幾つかの大学で、受けた学生からの相談や様子には次のようなものがあった。

一〇年前、国立のある大学でのことだ。昼休みの食堂でいつもは友達と食事しているA君の横に座った時のことだ。彼はかなりの大学院への進学も可能な位置にいた。

「A君、今日のカレーの味はどう？」浮かない顔をした彼に言葉をかけてみた。

「いつもの味ですよ。先生、父と母がもめていて、困っています。」彼の両親は夫婦喧嘩が日常だった。

「父の不倫が原因なのですが、六歳下の妹と僕が別れる父母のどちらについていくかが迫られています。脊椎カリエスの母を放っておけないし、妹とお母さんと暮らします。家賃も半年振り込んでないし、この大学ともお別れです。」こういう時、教員はどういう対応をすべきかで困ると思う。皆、何かの、いやかなりの悩みを抱えて生きている。私は母子福祉の手続きや授業料免除・各種の奨学金の話をしてその日は別れた。しかし、三日もたたないのに、携帯電話も通じない。事務室の職員も対応できない中で、彼の家を訪れたが、もうそのアパートは空室になっていた。授業料も納めておらず、自然と退学になるしかなかった。大学がそんなことに対応できるか！　というのが大方の意見だろう。

ここまで行かなくても、また別のケースでも学生はいろいろな悩みを抱えている。悩みを聞くだけでも聞けばいいのに、教員は対応出来ない。そういう空気は学生の方がよく感じていて、教員への相談もしないで、自分で行動に出る。こういう場合、教員は無力だ。

問題は学生の悩みの相談に応えない、無頓着でかまわないと思う教員がかなりいるということだ。高校入学の段階ですでに偏差値で輪切りにされた状態があり、すでに人生に希望が持てない学生が多い。無為に過ごして、「いつか、なんとかなるか」で人生を終える事になってはダメだと何人もの学生に伝えてきた。一度諦めた気持ちに陥った学生を簡単には救い出せない。「先生はそう言われますが……」「もっと賢かったらこの大学へは来ていませんよ」とやる気を出せないのが普通だ。つまり、抽象的なやる気の議論をやり取りしていても埒があかない。学生の気持ちはよく分かるが、そのままにして置くのは教員のすることではない。

学生には、遊んでいる学生と時間に追われる学生の二種類がいる。学費を払い、生きていくためにアルバイトに追われるばかりの生活をしている学生は多い。四年制大学の実験系の学生と資格や編入試に追われる短大生が一番忙しい（遊んでいられない）。「夢を作って、思い切り勉強してみんか！」とハッパをかけて、最初の三ヶ月は世話をしてやれば、そのまま走ってくれる学生もいる。つまり、教員が伴走し（この労を厭ってはならない）、出来ないことにチャレンジさせ、〝やった〟という満足感を味あわせてやりたい。これこそ教員の生きがいだと思ってやってきた。

奈良県の大金持ち農家の一人息子が夜中のラーメン店でアルバイトをするため、ほとんど大学へ来なくなっていた。もう七回生。私は夜中の一時にラーメン店を訪れた。その時はとても感謝してくれ、次の日の授業には出席した。それからはまた欠席が続いた。今度は父親が研究室に来て、「先生、あなたの責任だ」と怒鳴った。どうして、怒られるのか納得がいかなかったが、気を取り直して、ギリギリの八回生で卒業させた（修業年限の二倍まで留年できるから）。

同様に、全く勉強意欲のない学生が夜の酒場でのアルバイトに入り浸り、不登校になったので、現場を夜に訪れたことがある。これも多欠席が治らず苦労した。

これは親の子育ての姿勢に大きな問題がある例である。

病弱で働く事ができない、母一人娘一人の家庭で、必死にアルバイトをして親に仕送りし、学業も手を抜かない学生がいた。地味真面目の手本のような学生だった。体力を消耗していて、出席はするが授業中の居眠りが多かった。そして、頑固だった。卒業したいが成績は芳しくなく、悩みは深かった。どの大学でも、まじめだが成績は良くない学生は必ずいる。学年末試験の前に、試験対策に協力した。ともかく、卒業していった。

平均寿命の話から自殺について話が及んでいった日があった。テーマはよくある「自殺する勇気があるなら、生きるべきだ」という意見をどう思うかに向かった。「じゃ、自殺は勇気でするものか?」の問いかけに、皆押し黙った。今の学生は議論や討論が苦手だ。問題を深めることが出来ない。なぜこうなるかを考えないことの根本は人生を考えない(ついでに、小説等から遠ざかっている)ことにある。議論のできる学生も議論の〝うまい方法〟に慣れているだけの者もいる。結論を急ぎ、早く覚える勉強に戻って欲しいという雰囲気を感じる。

深く考えない。こうした傾向は若い教員の中にも感じるがどうだろうか。戦後日本社会が背負う負の部分ではないだろうか。

「親と子供は似てしまう。遺伝するんだ。仕方がない。」とよく言われる。確かに自分の子供は親が言うとおりにはしないが、親がする通りにはしている(似てほしくないところが似てしまう)。これは仕方がない。根本的には、戦後社会が豊かになり、家庭・家族の絆も弱まり、価値観も変化したことがある。誰もがこの影響を受けざるを得ない。若者がキレると言われるが親もキレている。親のようにしていれば無事に過ごせるという四〇~五〇年前までの日本とは異なってしまっている。逆に親がするようにしていては良くないと今の若者たちは感じている。こういうことがわかっていない親が多いことだ。親がキレてしまっていては子供はそれに対抗してキレざるをえない。親も子もかなり変わった。日本社会のデリケートな人間関係の真価が問われる昨今だ。しかし、時代の変化とは関係なく子供を貶す、兄弟姉妹や同級生と比べる、〝馬鹿な子〟〝そんなことだから、ダメなのよ〟〝何度言えばわかるの〟と言った言葉を浴びせる親もいる。貶されてやる気を起こせと言う方が無理だ。大学の教育後援会は学校のＰＴＡに当たる。私立の少し豊かそうな大学の母親は少々派手な服装をしてくる。入りやすい大学ほど〝軽い〟父兄が多いと感じるのは私だけだろうか。そして、かなり深い問題（家族関係や貧困など）を抱えた親は出席することが少ないし、本当のことを述べたり相談してくることも少ない。教育講演会は空々しい形式だけの（年一回だけ）の相談になっている。問題を受け止める立場の教員も、世間に疎く、相談にも乗ることが難しい。せめて、成果の上がる勉強の仕方や楽しい勉強の仕方を学生に伝えてほしいのだが。

学生の今の生活や人生について親と話していると、とても私の力だけでは難しいと思うことがある。「親同士で話していると、子供にもっと勉強させ、食事に気をつけて、小遣いの金額を周りの家庭のようにして……。」と型にはまった子育てをするかしないかが問題だという親も多い。子育ての基本は「自分の人生がきちんと進めるように子供自身が育っていくこと、しつけをすること」で、親はその大切なサポート役なのだが、自信の無い親が多い。生きていく上での常識を家庭で育むことがますます弱くなっている。また、学校での集団生活でいろいろな人達と出会い、接していくよりも、知識が増え、偏差値が上がることが決定的な目標になっている風潮が感じられる。こういう若者たちの就職と四年制大学への編入を短期で成し遂げるというのは大変だとつくづく思った。しかし、教育評論家がよくするように、社会の批判をすれば解決するわけでもない。教育現場の苦労も大変だ。

すべての学生に徹底させたことは、知らない人を含めてどんな人であれ、ぎこちなくても軽く会釈して、頭を下げる挨拶をうるさく言ったことがある。毎年の入学式で（卒業式で）私の大講義で。

挨拶をすると相手に対してもいいが、自分も楽しくなると。

世の中は若者の中でも高齢者の中でも個人主義が浸透している。高齢者は増加しているにもかかわらず、各地の老人クラブの参加者は衰退している。お年寄りは昔は村の各家を周って御詠歌をあげたり、近年はゲートボールも盛んだったが。

大切なことは少々の逆境はやる気で跳ね返せる。やり直すことは出来る。人生の喜びや満足はきっと味わえることを体験して欲しいのだ。これは少年期・青年期に苦しんだ私の思いだ。〝夜回り先生〟水谷修氏は相手に納得を得る無数の不屈の努力で教育とは何かの原点を示しているのだが。

教養がないのは悲しいこと

人間が年齢を経て、学校教育で学んでいくことや生活体験から身に着けることは図3―1のような構造になっている。教養的知識や技能も専門的知識や技能も年齢と共に増加していくが、後者の比率は増大していく。この中での教養的知識は専門が深まっても、知識の裾野としてどうしても必要である。ここには様々な学問や芸術、技術が含まれている。専門的知識を大学での経済学にしぼった場合も様々な学説を批判的に学ぶ場こそアカデミック・フリーダムの大学が準備すべきことではなかろうか。

富士山は裾野が広いことが他の山とくらべて美しさの基だと言われる。教養の役割はこの裾野の意味と同じだ。日本の若い人たちが受験勉強に追われ、教養は邪魔なものとされている。しかし、

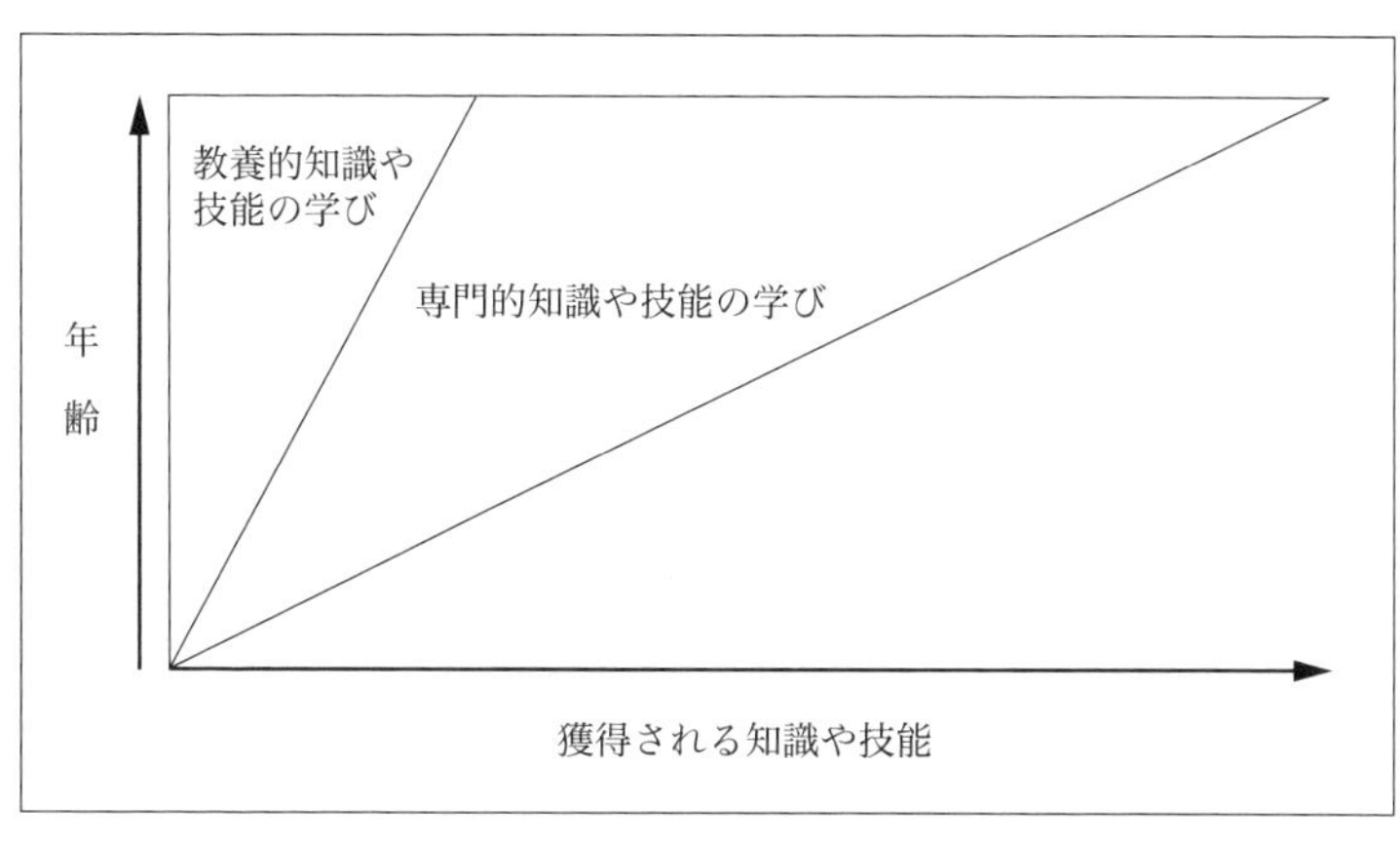

図 3-1　知識の拡大の模式図

教養は応用能力の源泉の意味・威力を持っている。日本社会の目先ではなく、将来を考えれば心配なところである。四年制大学は多かれ少なかれ人々をリードする人を育てる所だ。専門学校はその中で、専門的能力を持った人を育てる。似ているが異なる。しかし、教養は職種も学歴も超えて、人間が身朽ち果てるまで追うべき知的価値を持つ。人間の賢さには専門の面で卓越していること。教養が広いこと。この両面がある。

四年制大学の価値はそこで幅広い教養知識を身につけることが出来るからだ。なぜなら、これが応用に効く基礎だからだ。

とは言え、まずは砕けた話から入っていくことになる。現代の学生は歴史の感覚が薄らいでいるので、次の教材はその克服の意図で作ったものである。

教材資料　日本を振り返る、①　導入用

〝経済社会と流行語やモットーから分かること〟

江戸時代には　忠孝二道
第二次大戦中　八紘一宇　欲しがりません勝つまでは
皇国の興廃この一戦にあり　銃後の守り
終戦直後　忍びがたきを忍び、耐えがたきを耐え
五〇年代　カマトト（蒲鉾はお魚ですかという困った問い）
六〇年代　ネンネ（世間を知らない若い女性）
七〇～八〇年代の恋人たちは交換日記（現代のラインにあたる）
八六年　家庭内離婚　亭主元気で留守がいい　新人類
八九年　二四時間戦えますか
九〇年　おやじギャル
九〇年代　そんな夕子にほれました（もてる夕子とダメ男のカップル）
九二年　カード破産
九六年　チョベリグ　草食男子
九九年　いやし

〇二年　　内部告発
〇七年　　ワーキングプア　ネットカフェ難民
一〇年　　イクメン
一一年　　絆
一三年　　倍返し
現　代　　草食系・絶食系男子　ＥＵ離脱・忖度（そんたく）

教材資料　日本を振り返る、②　発展用

〝日本社会の特徴〟

一　近世封建制

土地所有の歴史的変化が歴史の変化の底にある。

中世日本史は応仁の乱以後に明瞭となっていく、武家政権の確立と門閥破壊によって大きく特徴づけられる。室町時代には荘園制は緩やかに解体し、やがて太閤検地によって無くなった。

商品貨幣経済の発展を基礎に、日本的な封建社会が形成されていった。江戸時代の幕藩体制は封建制そのものの厳しい支配体制を形成していった。村落共同体と身分制はこの基礎にあった。

二　戦前日本の絶対主義について

世界史的には封建制末期の絶対主義社会から市民社会（経済的には、資本制）への移行の契機は産業革命と市民革命である。しかし、明治維新は半封建的な地主制に基礎を置く絶対主義天皇制を生み出した点で、市民革命とは定義できない（講座派と労農派の論争を参照されよ）。

経済的には大地主（大日本地主協会）と勃興し財閥を形成していく産業資本家がこの体制を支えた。この経済の底辺にはきわめて日本的な下請け構造が根強くつづいていった。帝国議会では男子にのみ選挙権が与えられていた（一九二五年の普通選挙までは男子だけの財産による制限選挙）。天皇家の葬式は幕末までは仏式であった。家督相続は長男のみになされた。

近世の固定的な人間関係や忠誠心・武士道精神は形を変えて威力を発揮した。

三　戦後社会から今日へ

戦前社会の特徴は戦後においては企業と地域でのムラ社会を形成し、経済成長を進める〝上からの近代化〟を進めることになった。ケインズ政策もこの状況の上に展開された。つまり、護送船団方式である。市場競争原理らしからぬ、日本社会の特徴が形成されていった。他方、戦後の日本では、公平の観点が定着した。

日本は日本人＝日本文化＝日本語が成り立つ点で、世界の中では珍しい特徴を持っている。ただ、戦後民主主義は広がったが、経済成長の中で所得と財産の格差による〝いい家庭〟に育った者が、つまりいい遺伝子を持つ者が力と地位を得ていった。

社会主義国・およびキューバの変容、トランプ政権やヨーロッパ諸国の自国中心主義に至る今日の状況は単純な図式で今日の社会を特徴づけることは出来ないことを示している。つまり、階級対立・冷戦とは断定できない。そして、効率性万能のパレート最適でもない状況が現代である。

こうした中で、五〇年周期の近代（フランス革命以来）の長期波動の新たな大転換期が二〇四〇年付近に接近してきている。

教材資料　日本を振り返る、③　応用思考用

〝世界史の変動が意味するもの。これからの世界の変化〞

近現代社会の始まりはフランスの市民革命から始まる。その歴史的波動（景気変動ではなく）はほぼ五〇年周期のうねりになっている。五〇年と言えば、一世代の期間とも言える。現代の立地点を確かめよう。一七八九年のフランス市民革命から一九八九年のベルリンの壁の崩壊までがちょうど二〇〇年というのが、歴史の偶然とは言え興味深い。こういうグローバルな視野に立った見方は日常生活にますます追われる現代には是非必要で効果的だ。

図3－2は五〇周期で激変の生じてきた、世界経済の波動を示している。近代は（その前史にポルトガル・スペイン・オランダの商業覇権があったが）フランス・イギリス・ドイツ・ソ連・アメリカが世界史のウネリを作ってきた。現在は中国の台頭とアメリカの弱体化の中で、理性的な歯止めの効き

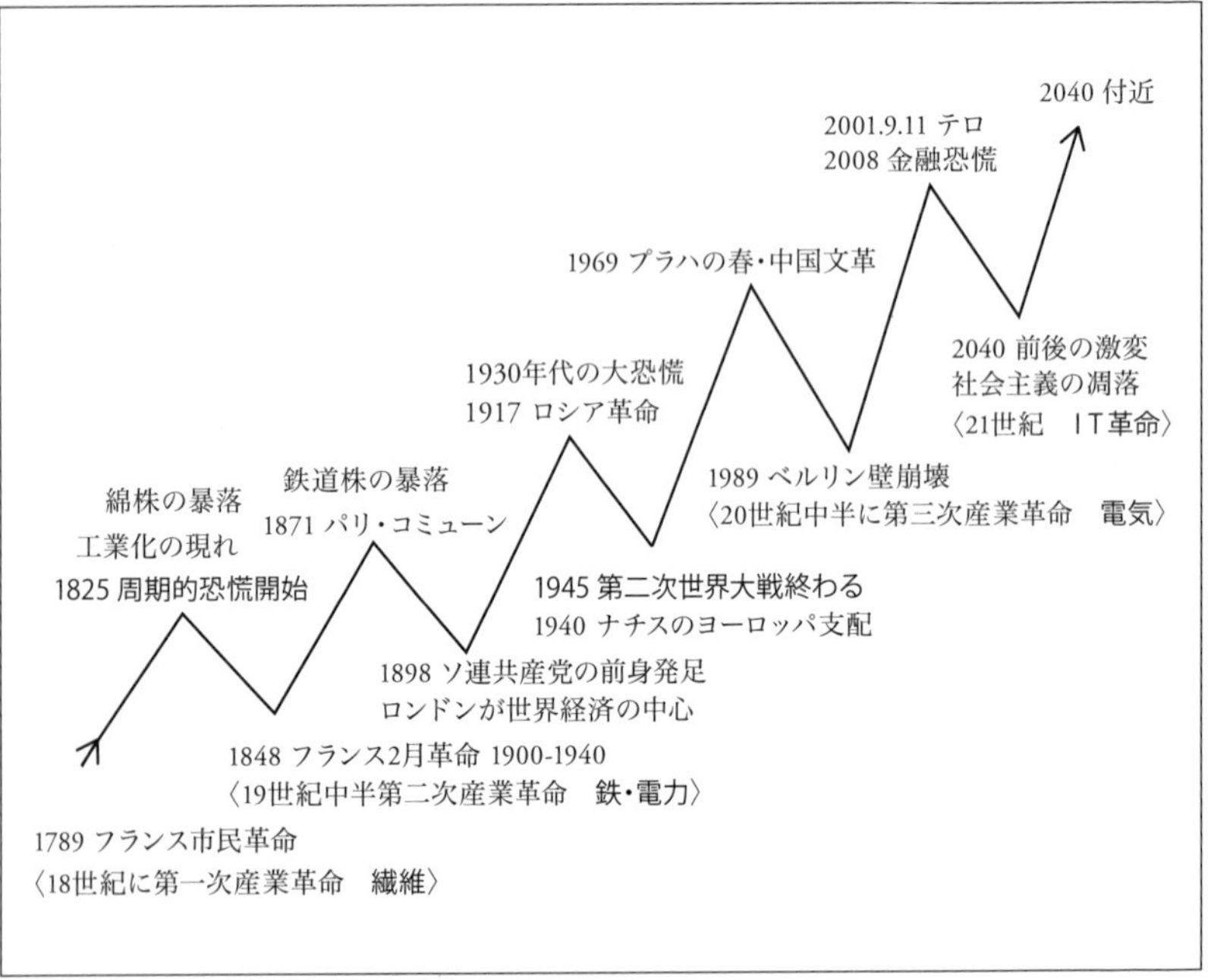

図 3-2　50 年周期で展開してきた世界近代史の社会変動

にくい状況になっている。我々は今までに経験したことのないような、突発的で大規模な危険にさらされつつある。今までと何が異なるかと言えば、①地球温暖化による風水害の大規模化、②大国間の合従連衡と抑えきれない戦争の頻発、③ますます経済が不安定性を増す中で所得格差と資産格差の広がりの拡大があげられる。この中で、我々は生きていかなければならない。この点をどのように考えるか。

教室の座る場所で学生の特徴が出る

学生たちは知的なことを何かやっていこうという意識に欠けたり、受け身になっているから授業中に眠ったり、私語やスマホをしてしまう。もちろん、小中高校での、学級崩壊や学びからの逃避（クズレた若者が比較的少ない京都市内でも毎年一～二クラス分の高校生が退学していくところもあるから）は大変なことだ。要は理解できる授業、勉強の楽しさを実感できる授業が出来ていないことにある。また、学生を表面でしか評価しない教員もいる。時々、大学の先生がいい学生と評価するのは〝まじめ〟〝静か〟〝ていねい〟な学生だが、こういう学生の成績が芳しくないことがよくある。また、受講生数の数で教員を評価する人もいる。効果的な授業、きちんとした授業が常に学生数で一番となるかどうかは別なのだが。早く言えば、単位のバーゲンセールをしていれば受講登録生数は多くなる。

私の授業は静まり返ったり、笑い声が出たりと学生を退屈などさせない、揺さぶる授業を目指してきたが、一般に大学での大講義は授業として成立していないことが多い。教室の後ろは私語とスマホに集中できる、勉強する気も失せる最悪の場所。勉強をしない学生が屯（たむろ）している。もし、高校生がこうした授業を見学に来て見たら、何と思うだろうと。そこで、学生に言ってみた。「京都市内のどの大学でもいいから大講義の様子を覗いてきなさい」と。受験しても、とても手の届かない大学の講義の様子を見させた。結果はどの大学でも文科系の授業は私語とスマホばかりで、教員はそれに対して注意もせず、授業は学生にとって苦痛でムダな時間でしかないことになっている。教員も自分のメッセージが伝わらないで虚しいばかりではないのか。

入学直後は知らない人ばかりで不安だと思う。私が気になるのは新入生の孤立している顔、気難しい顔、最低限のマナーも心得ていない態度。わがままな言動。友達ができると何でもいいから話したい気持ちを持つのもわかる。がしかし、授業中は別だとけじめをつけさせなければならない。さすがに、大学生にもなって暴力的に荒れる学生は少ないが、自分や周辺に納得がいかないのかイライラする学生や孤立してふさぎ込む学生もいる。個人主義がますます広がる中で、心が傷つく若者も増えている。

どの国でも、年齢を問わず女性はよく話す。語学も文法のような形から学ぶよりも音をまるごと捉えて上達している場合が多い。語学の教員も女性が増えているのは納得行くところだ。

それと恋愛中のカップル。相手を思いやる心があって、真剣に恋愛している二人の場合は日常の勉強や資格試験対策なども励ましあって進むこともあるが、恋は人を夢中にするので、そういう風にはなりにくい。しかし、〝なるほど〟この二人はいいなという相手と付き合っていると思うことが多いが。

私も時々人の講演を聞くが、必ず前の方に座ることにしている。聞きやすいし、話す人や聞く人

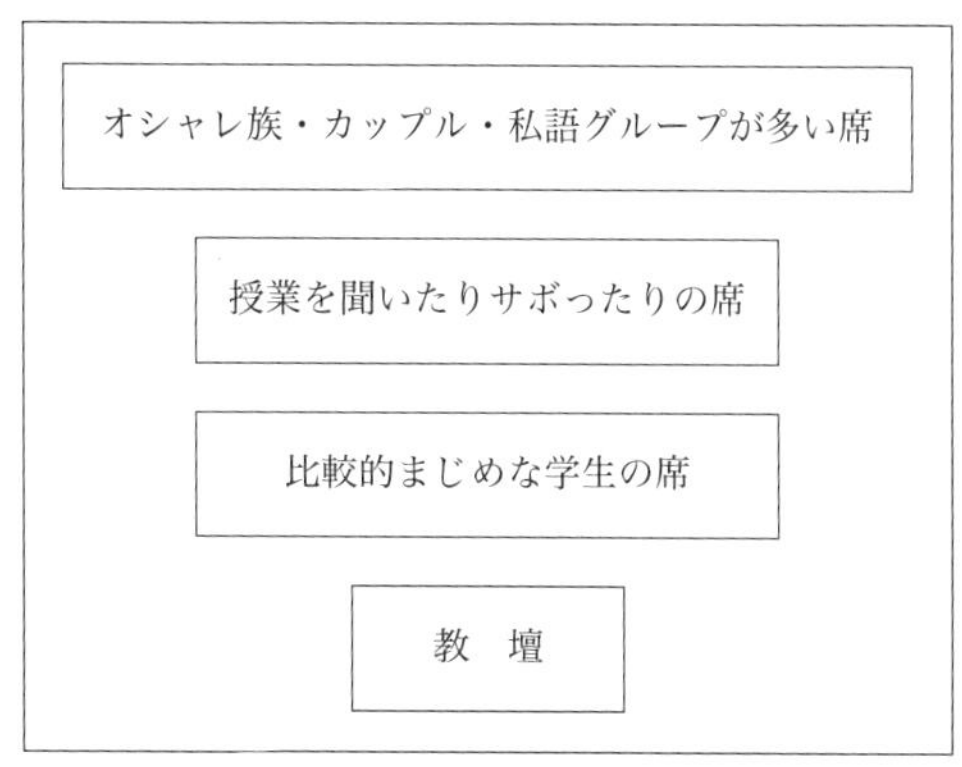

図 3-3　どういう学生がどういう席に座りやすいか

の様子がよく分かるからだ。

大学の教室では学生の席は指定されていない。教室の中で、真面目に授業を受けている学生は〝いい学生〟とするが、彼らの事情はそれほど単純ではない。「自信が無いから頑張っている」「まじめと評価されようと静かにしている」これらは評価されない、認められないことへの裏返しの場合もある。逆に、教室で怒りをぶちまける学生もいる。これは何かへの不満や孤立がこういう形で現れていることを知って、対処するべきだろう。寂しがり屋が様々な形で現れている。

大学や短大では、学校・専門学校と異なりどのように授業するかは各教員に任されている（決まった教科書もない。それは教員が自著も含めて選択する）。つまり、学生の知的関心や心を引きつける授業は各教員の裁量に任されている。学生が求めているのは〝楽しい授業〟〝分かる授業〟〝元気にしてくれる授業〟だ。自分の勉強の経験も交えて、授業を内容的に盛り上げる事前の用意が決定的だ。大学の管理や運営の状況がどうあれ、教員は教室で学生たちの知的向上を体験できるのだから、ありがたいではないか。ところが、日本の大学の先生は授業を雑務視する傾向が強い。

大学の大講義を盛りあげるにはどうすればよいか

総合大学でも、単科大学でも、短期大学でも、大講義はなくならない。教員は多人数を相手にした講義や講演は苦手の人が多い。特に、文科系の学部。経済・経営・商・社会・法・文学部。そして、これらの学部では退学率が高いことも共通している。

ところが、日本の大学では教育の訓練を大学院生時代にほとんどやっていない（アメリカの大学と違って）。授業をすることについて、全くの素人が教壇に立つわけである。

片岡・喜多村著『大学授業の研究』（玉川大学出版部）では、「よい授業というのは講義者の人格的な魅力、学生の自発的な受講動機、授業中の教員と学生のやり取りや学生の授業参加によって特徴づけられる」と指摘している。これを具体化してみよう。

① オープニングの重視　新学期の最初の授業では、この授業で学ぶことの意味や大切さを諄諄と語ること。

新入生には、大学と小中高校での勉強がどのように違うかを述べるべき。

各回の授業でも、最初が大切。学生の勉強意欲を一気に高める〝つかみ〟が大切。この〝つかみ〟を用意する、イメージするだけで授業はいい方向に向かう。

役立つ本の紹介は実物を示して丁寧にする（この点、アメリカの大学は優れている）。

②　どうしても事前に準備が必要

次の授業（講義）では何をどう教えるか、できればどのようにして教室を盛り上げるかを考える。教材を選ぶ、作るのは楽しいことだ。授業のイメージが湧いてくるから。

学生が考えたくなる発問を数個用意する（日本の学校教育で固有に重視されてきた）。

自分の話し方やゼスチャーが学生に聞こえる、理解できるものか、時にエキサイティングなものかを録音してチェックしてみる。学生が答えたくなる発問・近くの友人と議論したくなる発問――一般常識の間違いを指摘する発問――・調べて見たくなる発問など。

ノートをとらせたり、答えさせたりして、学生を退屈にさせない。

紙媒体とともに、情報機器の使用を忘れない（これも今の学生に効果あり）

③　出席カードの裏面へ質問事項や感想の記入やEメールでコミュニケーションをはかる。これには、次回の授業でわかりやすく応える。これは私の四〇年間の教員生活で繰り返し実践したことだが、実はこれが私の授業実践に極めて役立ったし自信をつけることになった。そして、優れたレポートやノートを紹介する。また、二〇〇人ほどの大講義で学生とのやり取りで授業を進めることは難しい。出席カードに書かれたことから、教員が納得した授業をしていても学生には通じていないこともある。学生と教員のズレを発見することも大変役立つ。北海道大学の授業の（アンケート）調査は面白い。普通は形式だけのアンケートを実施する大学が多いのに、こちらでは各授業について「学生はどの程度理解できたと思うか」の質問に対して、教員は内容の七割は理

解できていると答えているのに対して、学生は五割しか理解できていないとする結果が発表されている。同じことは大学教育で著名なハーバード大学のラドクリフ教授がすでに一九四九年に指摘している。レベルの低い大学ならこのギャップはさらに大きいのではないか。何が良かったか、何がまずかったかを反省して、次に活かす。心すべきことだ。

④　私語対策はマメにする

なぜ私語が生じるかを考える。授業の内容が理解できていないからということが多く、これを授業しながら直感的にキャッチし、その場で即対応する。但し、怒りをぶつけないこと。授業中に学生同士が話している場合、たまに授業内容について話している場合もある。

対策として授業の完璧なプリント作りに真面目な教員は集中するが、学生はそれを受け取ることで満足してしまい、安心して私語やスマホに向かってしまうから。

大教室内では、ワイヤレスマイクを持って縦横に歩きながら話す。

説明を聞かないで、黒板の字を写すだけでは身につかないと忠告する。

視覚に訴える（パソコンの画面など）。

簡単な質問を投げかけて、学生に答えさせる。

できれば、たまに笑いの渦を起こせればしめたもの。授業では一回だけでも面白いことがあると一瞬で楽しい雰囲気になるのに、笑いのない授業も目立つ。聞く側の学生の立場になれば分かることだが。教室での笑いは四回にしておくのが私のモットーだ。出過ぎると五回（誤解）されるし、少ないと三回（散会）するので。

⑤　時々は学生の目先を変える
掛け合い授業……気心のあった専門家を呼んで、進行係とのやり取りを見せながら理解を深める授業。

対決授業……政策や社会問題・答えがはっきりしない問題について、対立する意見（異質な意見）をもった学内や他大学の人を呼んでバトルの状態を作る。

学生に議論させる授業……教室の中で学生の席を二つに分けて議論させる。発言者にポイントを渡す。
⑥　科目名の変更や科目の新設については、教員間（教学委員会など）で話して、次学期に対応する。
⑦　大学の教員として心得ていてほしいことは、充実したノートの取り方の指導を実例を交えて説明すること

他方、〝本を読まない時代になった〟と言われて久しいが、原点から右上がりの目標直線を引き、横軸に日付を縦軸に読もうとする本の名とそのページを記入し、読破を自分に強いる方法がある。これで私は一〇〇冊の本を読み込んで自信をつけた事があった。

また、大学間の情報ネットワークシステム「スーパー・サイネット」の話しをして情報をネットで集めて勉強する方法についても説明したが、今時の若い人たちは本よりもこちらの方に関心を惹かれるようだ。この学術情報ネットワークＳＩＮＥＴは、日本全国の大学、研究機関等の学術情報基盤として、国立情報学研究所（ＮＩＩ）が構築、運用している情報通信ネットワークで、国立

黒猫・黄金虫　E. A. ポー
ペレアスとメリザンド　メーテルランク　10/7．8
三文オペラ　ベルトルト・ブレヒト　10/5
ディアギレフ　ロシア・バレエ団の足跡　小倉重夫　10/9
バレリーナの情熱　森下洋子
経済学とは何だろうか　佐和隆光　10/10．11．12
ディア・アメリカ　戦場からの手紙　B．エデルマン
カミーユ・クローデル　アンヌ・デルベ　10/19．20．21．22．23
絵画の見方　ケンブリッジ西洋美術の流れ8　S．ウッドフォード　10/6．11/2
エゴン：シーレ　二重の自画像　坂崎乙郎　10/14．15．28．11/2．3．5．6
ウは宇宙船のウ　R．ブラッドベリ　10/18
ニーベルンゲンの歌　相良守峯訳　10/24．25．26．27．30．31
職業としての学問　M．F.ウェーバー　10/31．11/2．4
ドン・ジョバンニ　名作オペラブックス　11/11．2
空想より科学へ　F．エンゲルス　11/4．6．14
ねじれた家　アガサ・クリスティ　11/8
メソポタミヤの殺人　アガサ・クリスティ　11/9
殺人は容易だ　アガサ・クリスティ　11/10
無実はさいなむ　アガサ・クリスティ　11/11
親指のうずき　アガサ・クリスティ　11/12
マギンティ夫人は死んだ　アガサ・クリスティ　11/13
ユートピア　トマス・モア　11/14．15．17．18
共産党宣言　マルクス・エンゲルス　11/18．19．20．23
オーストリア物語　ART TRIP　11/20．12/11
20世紀の美術　R．ランバート　11/22．23．12/3
悲劇の誕生　ニーチェ　11/26．27
バロック音楽　豊かなる生のドラマ　礒山　雅　12/3．4．5．12．13．21
ヤーンの日　栗本　薫　12/5
わかりやすい恋　銀色夏生　12/8
あの空は夏の中　銀色夏生　12/9
映画千夜一夜　淀川長治，蓮實重彦，山田宏一　12/14．15．16．17．18．19
闇の左手　アーシュラ・K．ル・グィン　12/22．23
ウは宇宙船のウ　R．ブラッドベリ　12/22（再読）
ジーキル博士とハイド氏　スティーブンマン　12/24．25
変身　カフカ　12/26
美しの恋の物語　ちくま文学の森　12/27．28．29
ウィーン世紀末文学選　池内紀編　12/30．31．1/6．13
憲法はどう生きてきたか　渡辺　治　1/4．5．6
表と裏　土居健郎　1/13
悲劇の誕生　ニーチェ　1/7．11．16．17
フランス・ピアノ音楽史　ノーマン・デヤス　1/8．16．24
ペダルの現代技法　K.U.シュナーベル　1/10．11．16
マーラー　音楽の手帖　1/14
ツァラトウストラはこう言った　ニーチェ　1/17．18．22．23．25
映画の現在形　1/19
チムニーズ館の秘密　クリスティ　1/19
百億の昼と千億の夜　光瀬　龍　1/20
2001年宇宙の旅　アーサー・C．クラーク　1/20．22
ペ　谷川俊太郎　1/21
夏への扉　ロバート・A．ハインライン　1/21
やわらかな心をもつ　小澤征爾　広中平祐　1/21
ものぐさ精神分析　岸田　秀　1/27．30．31
マンガ家は語る　竹内・村上編　1/29
私の美の世界　森　茉莉　1/31．2/1．2
バーボン・ストリート　沢木耕太郎　2/1．5
ジョン・レノン対火星人　高橋源一郎　2/2
恋する女　D. H.　ロレンス　2/4
ラヴェル　J.レオン　2/5

読書記録

人形の家　イプセン　7/14
第二の性(1)　ボーヴォワール　15
未完の告白　ジイド　17
愛するということ　エーリッヒ・フロム　18．21．22
五匹の子豚　クリスティ　19
ゴルフ場殺人事件　クリスティ　22
第二の性(2)　ボーヴォワール　24
恋愛論　スタンダール　25．28．8/3
自己愛人間－現代ナルシシズム論　小此木啓吾　25．26．27．28．30．8/2
赤と黒　スタンダール　29．30．8/
カフカ短編集　30．31．8/2．3
絵本と童話のユング心理学　山中康裕　30．8/4
子どもの宇宙　河合隼雄　8/4．5
演劇の文明史　呪術・芸術・娯楽　山内登美雄　8/4．16．17．18
猿之助の歌舞伎講座　市川猿之助　8/16
人間の深層にひそむもの　河合隼雄　8/5．7．8
マンガ批評体系 第2巻　竹内オサム＋村上知彦 編　5．18．19
実存主義　松浪信三郎　5．15
ワーグナーの妻コジマ　ジョージ・R．マレック　5．11～14
音楽の現代史　諸井 誠　8/5．7．8．9
学習者のためのピアノ音楽への手引　ハッチンソン，ガンツ　8/7
二十歳の原点　高野悦子　8/10
象は忘れない　クリスティ　8/15．16．17
バイエルン国立歌劇場　真鍋圭子　17
ピアノ講座1・ピアノとピアノ音楽　17．18
ニセ学生マニュアル　浅羽通明　18．30．31．9/2
はりきりオヤブンの車いす繁盛記　入部香代子　8/20．22
サロメ　ワイルド　21
さよならの城　寺山修司　23．24
少年歌集・麦藁帽子　寺山修司　25
家出のすすめ　現代青春論　寺山修司　26．27．28
闇の左手　アーシュラ・K．ル・グィン　29．9/11
メランコリーの川下り　谷川俊太郎　9/1
クラシック音楽史　遠山一行　2
ワーグナーへの旅　木之下晃，堀内 修　9/3
復讐の女神　クリスティ　4
ニッポン食糧新時代　読売新聞経済部編　5
ミュンヘンの中学生　子安美知子　6．7
権利のための闘争　イエーリング　7．8．9
あかい花　ガルシン　11
泥棒日記　ジャン・ジュネ　12
バロック音楽　豊かなる生のドラマ　礒山 雅　12
よくわかる楽譜の読み方入門　辺見としお
ランボー詩集　堀口大学 訳
かもめのジョナサン　リチャード・バック
ブラームス　三宅幸夫
モンマルトル　青春の画家たち　益田義信他
ミニシアターをよろしく　大高宏雄他
西部戦線異状なし　レマルク　10/9
ドビュッシー　アントワーヌ・ゴレア　10/7．9
世界各国の旅3　朝日新聞社
ニジンスキー・神への飛翔　10/7
玲子さんの シネマ・ファッション　西村玲子
パイナップリン　吉本ばなな　10/20
郵便配達は二度ベルを鳴らす　J．ケイン　10/20
チボー家の人々　マルタン・デュガール

図 3-3　学生の読書リスト

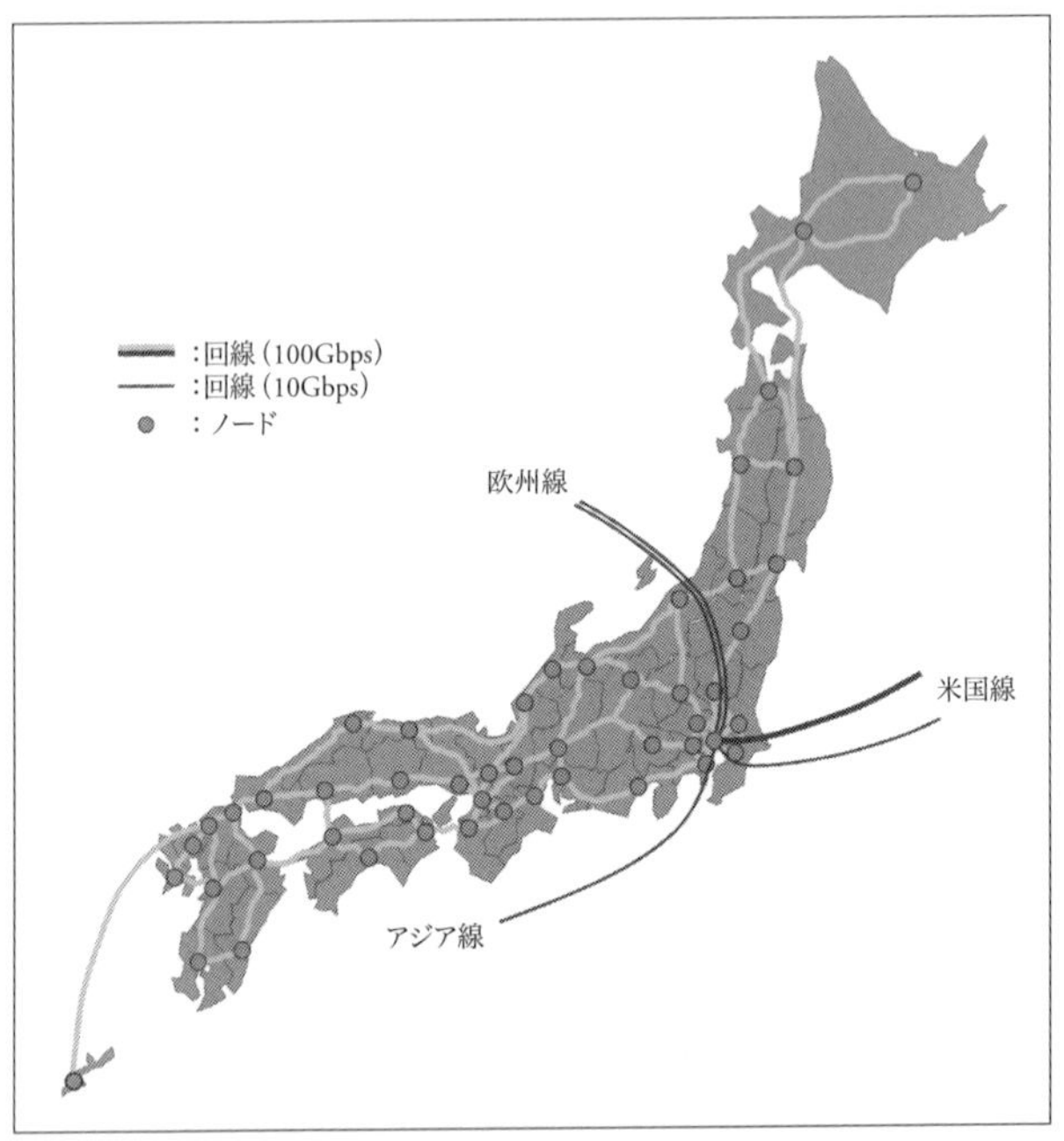

図 3-4
国立情報学研究所のホームページより

の大学や研究機関が柱になって形成されている。

オタッキーになった勉強の楽しさがあるなら、それを（昔はタコツボ研究と言った）伝える。

卒論やレポートの書き方も実例で懇切な説明がいる。

研究志向の学生はレベルの高い研究の場へ連れて行く。

就活の仕方を失敗例をたくさん取り上げて伝える。

アルバイトや食事、親や家族との付き合い方については日常の会話の中で、それとなく伝える。

昔の大学（旧制帝国大学原理が見本とされる）のように、教育は軽視して、勉強は学生の自己責任だということで片付く時代では全くない！　ほとんどの大学では（たとえ大学院があっても）研究者養成の場とはもはや言えない状況になっている。

学生は大学教員の何を見るべきか

学生はその授業をきっかけに、先生と親しくなり、質問に答えてもらったり、勉強や人生の経験談を聞くことが成長に役立つ。そして、学生が教員を評価するのは次のような点からだ。

①　インターネットでその先生の名前でどれだけのヒット数が出るか。
②　国内外で優れた業績を上げているか。文科系でも、博士号をもっているか。
　……勉強意欲の高い大学生なら当たり前の要求。
③　質問しやすいか。ただ、にこにこして優しそうにしているだけか。
④　ＩＴ機器を使いこなしているか。

⑤ 優れた卒業生を出しているか。

⑥ 何か素晴らしいことがある先生かをさがす。

⑦ ゼミのコンパでは学生だけで固まらないこと。授業では聞けない研究や経験の話しを聞くこと。

そういう先生の講義やゼミが人気なのです。楽勝ゼミの評価は難関の大学では低いのです。特に、難関の大学では大学院まで進学して研究者・大学の教員になりたい学生や大学院生は担当の教授と反りが合わないと苦しくなる。教授は研究者としての就職先の決定権をもっていて、それを振り回すことも可能だ。また、大学の教員は世間一般とは異なった世界で生きてきた人がほとんどだから、怒るのも褒めるのも単純なことが多い。

学生をやる気にさせるコツ

学生が教員を嫌うのは、難しい顔、頭からバカにした態度、手を抜いた授業などである。そうなっているのは家庭での暖かさのなさ、大人たちの不公平な態度、やりきれない悔しさ、時にネガティブな感情が多かれ少なかれ有ることだ。教員はこれに対応していかなければならない。教員がこうした気持ちを共有してくれればと思っている。人によって異なるが、この対応が現代日本の大学教員の深い大きな宿命ではなかろうか。

育ち方も性格も生きてきた場所も、そして何より勉強ということへの捉え方も異なる学生たちをどのように束ねて、自信をつけさせるかは簡単ではない。教育の現場ではどんな教員でも思案するところだ。大学の教員が教育で貢献するには、授業の入念な準備だ。学生の反応の手応えがつかめるし、それが教員の自信になっていく。進学（編入学）や就職の成就へ向かう行動が成果の上がる方向でやっていないのなら、それを正しい望ましい軌道に乗せなければならない。最初、困ったのはいわゆる〝一見、しっかりした〟学生であった。高い目標は述べるが、何もしていない（過去問や過去の口頭試問の実際にも目を向けていない）学生がほとんどだった。この短大へ入学すれば、なんとかなるという漠然とした願で入学してきたのが現実だった。編入対策だけではない。自分で体験して、身につけていくことが必要なのに。

大学の先生方に伝えたい。学生のノートを見れば、自分の授業がどの程度理解されているかは一瞬でわかる。大切なこととわからないことには別々のマークが必要と教えるべき。わからないことには何故わからなかったかのメモを書いて後で先生に尋ねる事。

また、しっかりした女子学生によくあるのは話したことが「仕事でも、女性は男性のように振舞うのがいい。」という意見だ。こういう考え方も増えてきているが、女性が女性らしく生きることが男性への迎合・屈服と決めつけるのもおかしいのではないか。

人間、何かのきっかけで変わる。特に、入学して一年経つと学生は言うことや身のこなしも変わる。一度でも、自分をモチベートした経験はとても大切だ。一八歳一九歳はいい方向へ向かえばとても良い事になる。そして、短大生は充実した二年間とは言え、四年制大学の学生に比べてともかく忙しい。思えば、短大の教員も本当はやりがいのある仕事だが。

就活で学生にアドバイスしたこと

「大学や短大を出ても正社員で就職がないのでは悲しい。やはり、最初に就職した会社にはずっと勤めたい。この会社で骨を埋めると決めたのに、会社の方が先に骨をうめたのでは困りますね。さて、就職活動は日常の勉強や教養、人生観、マナーを動員した総力戦だ。『面達』の本の通りに話すのは赤恥青恥。大学や学校と企業は根本的に異なる。わがままや勝手は許されないよ。」と決意を固めさせて、指導を進めた。根本は〝自分の生活を自分の稼いだお金で生きる〟という当たり前のことを始めてほしいということだった。

二〇一六年度入社の学生たち以後は四年生の三月一日から会社の広報活動が始まり、八月一日から選考活動が始まる。ほしい人材を確保するため、企業はできるだけ早く内定を出すというように、考えている。選考方法も多様化し、面接ではプレゼンテーション面接・グループディスカッション面接などが導入され、従来のようなエントリーシートは実施しないところが増えている。学生は努力して用意すれば、志望理由の記入は万全と思っているが、そこは年の功で教員が添削すればかなり良くなる。

しかし、就活に真剣に取り組めるようになる推進力は本人の人生観だ。自分の人生をスケッチできるようにしたいという意欲をかきたてることだ。

就活が終わって大学の授業に戻ってきた学生の表情は少々疲れている。世間の波を経験したからだ。

女子の就労については、女性の意識自体に変化が現れている。平成一七年調査時点では、「女性は子供が出来たら職業をやめ、育児から解放されると再び職業を持つのがいい」とするM字カーブの結果になる意見は四五・四％だったが、平成二六年には三一・四％に下がっている。逆に、子供が出来ても仕事を続けたいという意見は同じ期間に二六・三％から四五・八％へ増加している。そして、就業者数も雇用者数も女性の伸びは大きくなっている。（『男女共同参画白書　平成二八年版』内閣府）。残念だが、仕事に熱心な女性は日本の伝統的な男権組織にうまく組み込み自分をコントロールすることが現実である。働きたいというのは人間の自然な欲望だから、この変化を知って女子は頑張って欲しい。

別の観点から見れば、大学や短大は就職の成就のためだけにあるのだろうかということがある。就職にも目先の自学にも役立たない学問の面白さや学ぶ楽しさは（どんな立場の人にとっても）大切なことだと思うが、どうだろう。

※　今まで勉強してきたことをすらすら話せる用意をしておくこと——決定的！——。卒論の資料集めに手を抜かない。自分は勉強するという学生の本分を忘れないこと——勉強していない顔はすぐばれる——。

※　最近の企業が新入社員をどう見ているかというと「空気が読めない者が多い」「マインドが足りない」ということです。このことをよく考えよう。

※　インターネット・新聞雑誌・資料請求などいろいろな角度から徹底して情報を集めることが差をつける。

※　企業が求めているのは、今までの人生経験（勉強・クラブ・サークル・対人関係・家庭・アルバイト）を教訓にし、今後にどうつなげるかのストーリーだ。こま切れではダメで、一コマさえまとまっていないのなら、全くペケということですよ。

自己ＰＲに自信のない人、人前できちんとしゃべれない人は大学のキャリアセンターの職員の方に原稿をチェックしてもらいましょう（やった人は不思議とうまくいっている）。

面接対策のマニュアル本は一応の知識であって、そのまましゃべるワンパターン人間ではダメです（笑い者にされるだけ）。人事担当者はこういうものはきっちり読んでいるから。

※　企業の説明会には予習していくこと。とくに志望動機とその会社の予備知識はスパッと言えること。

※　「学歴不問」と宣伝している企業の中にはブラック企業やアングラ企業も混じっているから注意。

※　転勤の困る人は各地の学生就職センターの情報がグッド。

転勤ＯＫの人は「どこにでも何年でも行きます」と答えなさい。これで、一流企業への内定を一発で決めた教え子もいる。

※　リクルーターの面接に「普段着でおいでください」となっていても、その言葉とおりに普段着で行ってしまってはダメ。

※　就活にはお金がかかります。清潔であれば、きちんとした服装でよろしい。なお、靴は黒にすること。ウェブ面接は節約的です。

※秋になっても内定がない人は新聞の中途採用欄などをよく見る。

※人の何倍も動くこと――人と同じことをしていても勝てない――。

周りの凡人と調子を合わせることはない。

大量の情報を集める。ツテを探し回る。そして、疲れを顔に出さないで動く。

意欲を絶やさない、あきらめない。

※企業が重視するのは、①人柄　②何かに集中してきたか　③勉強熱心か　です。これらに対応していきましょう。

※「だち」「つれ」「じゃありませんか」など日常の言葉は企業が最も嫌うもの。落としてもらうために就活するようなことです。

※明るく、ハキハキする――暗い、声の小さい人はお風呂でも練習して――。

※面達のビデオで意欲を燃やすのもいい。

※面接の雰囲気になじむこと。失敗が続いたら、自分のどこが良くない（わがまま、世間知らず、売りのなさなど）のかを考えて、早く変身しなさい。

しかし、就職活動で学生は変わります。他大学の学生の様子に驚くことや世間の空気に触れることからきますね。ふつう、三回はおこなわれる面接は一次では社員のリクルーターが、「この人なら一緒に仕事が出来るかな」という相性が問題です……気にして合せるように。二次では（これが本番）つっこんだ質問に耐えられるように。三次では社の上級幹部の面接です。三つとも相手の求めているものが異なるので柔軟に対応すること。こうして、「お祈りメール」や「サ

労働人口 6,598万人	企業等役員	1,083万人
	正規雇用労働者	3,313万人
	非正規雇用労働者	1,665万人
	その他（不本意非正規雇用労働者・就職希望者・その他）	315万人
	完全失業者	222万人
非労働力人口 4,473万人	（内、2年以上の長期失業者は87万人）	

図3-5　日本の人口統計分類
『労働経済白書　平成24年』

イレント・メール」はいただかないように。

編入試験を突破させるために

短期大学から四年制大学への編入試験には、一般試験による編入と協定した大学での面接による編入がある。一番厄介なことは経済数学の試験を課す大学への対策だ。今日の若いマルクス経済学の大学院生（相当偏差値の高い大学の）でも数学＝近代経済学と決めつけて見向きもしない。さらに、わかっていない学生は統計数字の分析を数学と思い込む状態である。数量的分析の中から質的な（定性的）特徴を見ることすら敬遠する者もいる。理系コンプレックスは大きくなってしまっている。

英語とともに数学の解析力は短期間では身につかない。週に二日、放課後の数学指導は教員と学生の自主的なもので、取得単位にもならない。まして、他の教員のゼミ生を預かるとその先生の立場も気になることがある。ただ、経済数学の編入試の問題（特に、微分：積分や行列：行列式）では出題のパターンや解法が決まっているのが助かる。

まずは極大化原理が多用される経済学の理論に対して、微分の初歩から常微分方程式の解法までやりきろうとした。メンバーは一〇人が集まった。

最初は平均変化率から始めたが、ここでまずつまずく。こう言う時にこちらが、がっかりした顔を見せればうまくいかない。気を取り直して笑顔で説明する。筆者が昔、解けないでつまずきを克服したところを事前に用意しておいて、説明した。こうしてゆっくりと自主ゼミナールは進んだ。この抽象の世界には「どこに経済学があるのですか。いつ、経済の現実が出てくるのですか。」という当然の声も出てきた。精緻な経済分析には数学が欠かせないことを説明しながらの日々だった。そして、わかり易すぎる小テストを繰り返して、解ければ褒めて、前へ進んだ。六ヶ月後に〝微分いざ勝負〟という問題を出した。皆、ほとんど解けて表情に自信が現れるようになった。しかし、このテストの時には一〇人は六人に減っていた。更に、四ヶ月経って、微分方程式の一般的な解法の実習と積分の初歩までいった。ここで、六人は五人になっていたが、盛り上がった雰囲気でこちらも楽しかった。学生の感想を記しておこう。

○　やめようかと思っていましたが、頑張ってよかった。

○　自分にもできることがわかりました。先生が「ともかく、やってみよう」と言われるので信じてついてきました。結果、良かった。

○　実は「エクセルで微積分」という本を図書館で読んでいたので、助かりました。

○　家族から「こんなことなら、高校時代に勉強しておけばよかったのに」と言われました。
○　この自主ゼミの数学ノートは僕の宝物です。

これらの学生は全員が難関の大学や協定校編入も果たした。編入は手の届くところにあるということがわかった。今後、数学を使う、自信がついたことだろう。教員冥利に尽きるとはこのことだった。同じような体験は以前、大阪教育大学の二部（夜間部）のゼミ生八名中六名が教員になった。この時は学校教員になりたい夜間学部の学生たちに集中的に勉強させて見事に成功した。学生定員一〇〇名のこの夜間部でどこかの府県の教員になったのはこの六名と別の一人だけだった。夜の研究室で談笑したのはありがたい記憶だ。この時（『したたか教授のキャンパスノート』学文社に記録している）と同じ快い気分だった。

大切なことは、学生の心をつかむこと。自分の人生を切り開くためにこの先生はやってくれていると共感できるようにすることだ。そして、能力は必ず伸びる。たとえ人生でピンチが訪れても、涙を振り切って進めることを体感させることが大切だ。これはいろんな事情で、エリートのような立場に身を置かなかった著者の体験だが。

こういう疲れる、余計なことをしなくても大学教員は決まった給料をいただける。単位のバーゲンセールをして、コンパで奢っておけば、〝いい先生〟〝人気のゼミ〟でやっていくこともできるから。その上、（アメリカの大学と違って）日本のどこの大学でも、教職員に能率給のようなものはない。任期制と言っても教育よりも研究成果こそが評価されるのが現実なのだから。

希望の編入や就職を達成出来た教え子の楽しそうな様子は本当に嬉しいものだ。

＝学生の感想＝

編入試験に通って

○　母子家庭で苦しかったですが、母は「やっと幸せな気持ちにしてくれた」と泣いて喜んでくれました。

○　中学高校で英語が出来なかったが、よくも伸びたなと思う。自分でも信じられない。

○　昔、興味をもつた行列式の問題を友達に説明したら、なんか自信が出てきた。

○　真面目に勉強する人がたくさんいて、最初は不思議な気分だった。

○　編入対策室に役立つ本が沢山あって役立った。

○　諦めかけていた人生に光がさしてきた。

○　編入学試験の過去問が役立った。

○　先輩を信じて、ついていってよかった。（編入を指導した卒業生のチューターに）

就職が決まって

○　企業の面接で、座り方まで見られているとは思わなかった。

○　簿記の資格が取れたのが効いた。

○　キャンパスの中で、皆よく挨拶をするので、挨拶が癖になったのが良かった。

○　企業から「学長と就職課の人が来てくれるのはあなたの短大だけ」と言われました。
○　忙しい二年間でしたが、そのかいがありました。
○　毎週の就活セミナーが役立った。
○　就活はどうまく内定を取るかもあるけど、どう生きていくかも身につく。

学生の勉強相談や生活相談にも気を使う必要がある

勉強の仕方は人様々ということを知ること。

学ぶ喜びを体験すること。解けなかった問題が解けること。学問的知識を現実に適用し成果をだすこと。さらに、そういう自分が評価されること。

語学の勉強はコツをつかめば君のもの（英単語記憶術・英文解釈の定石など）（教員の勉強の仕方や経験をはなして、知的に刺激する）。

挨拶がきちんとできること（「ありがとうございます」「おはようございます」「今日は」など）。

いくら腹がたっても、暴言や暴力をいましめる。

人の嫌がることを言わない、しない。

スマートフォンに溺れると自分を壊すと知ること。健康で長続きする身体のために食事にも気を配る（塩分・糖分・脂肪分を控えめに。貧しくても、大食いしない）。それでもスマートでいたいわ。

地味でいいから、きちんとした服装を。

下品さを抑える。

夜中のアルバイトはなんとか避けられないか。

パチンコを含むギャンブルに手を出さない。

悪質商法に騙されない（デート商法・高額アルバイト商法・有料サイトの代金請求など）。

生活に疲れたら、なんとか気分転換をはかること（落ち込んだら、歴史上の人物の人生をのぞいてみること……私の場合は、古書店めぐり、神社やお寺の縁日めぐりだが）。

人生は後発でもいい。意欲が最後に物を言うと考えよう。

気の合わない相手も含めて、人付き合いを大切にすること。

親とはうまく付き合うこと。図3－6にあるように、一〇代前（二二五年前）にさかのぼると直接の先祖は一〇二四人、一七代前（四〇〇年前）だと一二万一〇七二人になる。私達が人間として生まれてきたおかげを感じるべきだ。

自分の生活で失敗しない金銭感覚を

「イベントができる」「もうかる」「起業ができる」という悪質ビジネスの誘いに乗らないこと。一瞬で、高額の借金が出来て身の破滅になるよ。最初から、断り続けなさい。「これは貴方だけにお伝えする話です。」なんて言ってくることがあります。そんなに大切な話なら、どうして見ず知らずの自分に話して来るのかな？　と疑うべきですね。簡単に面白そうな話に乗らないこと。イベントができるようにするといってお金を取り上げた業者は学生にこう言いました。

「契約書のサインや捺印は私らが無理やりさせたものとは違います。字体や印影を見ればわかるこ

（1 代 25 年として）	何年前か	何代前か（べき乗α）	何人の先祖がいたか（2 のα乗）
今		1	2
平成 4 年	25 年前	2	4
昭和 42 年	50	3	8
昭和 17 年	75	4	16
大正 4 年	100	5	32
明治 40 年	125	6	64
明治 15 年	150	7	128
安政 4 年	175	8	256
天保 3 年	200	9	512
文化 4 年	225	10	1,024
天明 2 年	250	11	2,048
宝暦 7 年	275	12	4,096
享保 17 年	300	13	8,192
宝永 4 年	325	14	16,384
天和 2 年	350	15	32,758
明暦 3 年	375	16	65,536
寛永 9 年	400	17	121,072
慶長 12 年	425	18	262,144

図 3-6　100 年前〜 400 年前、自分には何人の先祖がいたか

とです。」「説明に三時間かかったのは普通のことです。」「（女性社員に色仕掛けで接近させておいて）そんな恋人の痴話げんかの責任がとれますか。」等々。こんなワナが近くまで迫っている。プロの悪徳業者にとって、学生は世間を知らない〝やわな〟存在だから。学生は自分には払うお金もないからと思っていても、お金は親や親戚からむしり取るものと思っている業者にとっては〝いいお客〟なのだ。

ましてや、現代はキャッシュレス社会に向かっている。特に、フィンテック（ファイナンスとテクノロジーを組み合わせた新語）によって、利益性の高い金融サービスが大きく開ける時代。スマートフォンはその有力な手段である。しっかりした金銭感覚が求められる。

学生を取り巻く悪質商法には次のものがあるから、注意しておく必要がある。

※　預金口座を誰かに知らせたために、一方的にお金を振り込んでくるもの

※　「医療機関債」「CO_2排出権取引」等をエサに投資話をもちかけるもの

※　若者好みの商品を（頼んでいないのに）送りつけてきて、代金を請求するもの（親孝行のための健康食品がよく取り上げられる）

※　「パソコンの使い方を教えてあげる」「パソコンを直してあげる」と言って悪質業者の〝かもリスト〟に個人情報を売りとばすもの

※　デート商法

※　アンケートに個人情報を書かせて、不安をあおり金をせしめようという詐欺

※　就職手続きで、保証人を紹介するというもの

※「高額賞金に当選したので、手続き料を払ってほしい」というもの
※携帯電話やスマホに「有料サイトの代金が払われていない」というメッセージを送ってくるもの
※アダルトサイトにウィルスをこめた〝不愉快犯〟。請求画面が消えなくなる仕掛けをされることも
※パチンコ・パチスロ攻略法を教えるという詐欺
※弁護士・水道局職員・警察官・裁判官を名乗る詐欺
※火災報知器・羽毛布団・浄水器を手段にした詐欺
※ほとんど無価値の商品を医者や学者の名前を使って売り込もうとする詐欺
※還付金詐欺・振り込め詐欺
※ワンクリック詐欺。パソコンの一部をクリックして、高額請求される。
※無料でない無料ゲーム
※プロフ（自己紹介）で知り合った相手に個人情報や写真を送信したため、〝写真をばらまくぞ〟といった脅しが来るもの。

いずれも、相手がどんな性格の人間か（男か女か）、何歳か、どの国籍の人か、何人かはネット上では全くわからないのだから。

いずれも「とっておきの話です。あなただけにお報せします」などと言ってくる。話さないこと。断ることだ。「そんな大切な話は見ず知らずの私等に話さないほうがいいですよ」と私も断った。仕方なく住所を書かされるときは住所の番地をわざと間違って書く。クーリングオフも活用する。悪質商法に引っかかる人の共通点は欲が深い人や簡単に儲けたいと安易な考えに傾く人だ。も

ちろん、お金は大切だ。お金によって自分の暮らしを便利にしたり、苦しみを解消したりもできる。ほとんどの人は自分や家庭の所得の範囲で頑張って暮らしている。もし、株式投資などの投機性の高いものにお金を向けるなら、貯蓄の一〇%以内で（自分の甲斐性の範囲で）やってほしい。この辛抱が人生を左右する。

ギャンブルには人生を破滅させる危険がある。日本はギャンブルのしやすい国だ。カジノ（賭博場）が無いだけで、パチンコやパチスロは世界のマシーンの六〇%を占めている。ネット上でもオンラインカジノが規制もなく利用されている。ギャンブルは初期に勝つと行く回数が増え、掛け金が増えていく。負けがこむと損を取り戻そうとさらに大きく賭けるようになる。こういう大胆さが「男らしい」というのは誤っている。借金が増えて、自分の持ち物や家族の財産まで売り払ったり、窃盗にまで至る。もちろん、勉強や仕事はおろそかになり、絶望的状態になる。ギャンブル依存症だ。

コラム　金利がわからなければ、経済はわからない

編入対策の勉強に疲れた夏の午後、学生五人と雑談していた時のことだ。現代社会はお金で動いている。誰もがなんとなくわかっているが、どんなからくりなのかは理解されていない。この問題を学生との話の中で解説した。

「金融、特に金利がわからないと、経済はわかっているとは言えない。今日はこの点について話しましょう。」

「先生、それは竹内力主演の『難波金融伝・ミナミの帝王』や青木雄二著の『ナニワ金融道』の話ですか」

「確かに、その二つは今からの話に関係します。が、悪をくじく痛快さはあるが違法な手段も使っている点はありますね。例えば〝トイチの金利〟(一〇日に一〇%の違法金利のこと)は、『利息制限法』と『出資法』という二つの法律で禁止されています。この点では違法なので、ヤミ金融とされます。今は大手銀行の傘下にあるサラリーマン金融は合法で、別のものです。〝トイチ〟のレベルまでいかなくても、年利三四・五%の違法金利なら一〇〇万円借りると一年後に一三四万円の返済、五年後に四四〇万円の返済、八年後にはなんと一〇七〇万円を返済しなければなりません。」

「しかし、なぜ人はそんな高利の借金に手を出すのでしょうか。」

「もちろん違法と知っていて借りざるをえないところまで追い込まれているのです。通常の銀行などが新たな抵当物件もない人(小さい企業の経営者など)に対してはお金を貸さないからですよ。当面、お金が必要な場合にこういうヤミ金は貸してくれる。その代わりに、高い違法金利を受け取る。その取り立て方はひどい。銀行・証券・保険などの表の経済を裏から補完しているわけです。」

「先生、他にどんな違法性がありますか。」

「さっき話した違法金利の他に、預金証書や公文書の偽造、面相筆という筆を使った印影の偽造、身分証明書の偽造などがありますね。面白い話をしておきます。バブル経済のときには激しかったですが、下級の金融機関とヤミ金は情報の交換もありえます。正規の銀行の幹部は円満で育ちの良い派手ではない高学歴者が多いですが、ヤミ金となると背広の裏地が真っ赤でそこに虎の絵が描かれているなどケバイですね。」

「つまり、本当のセレブと成り上がりの金持ちは違うわけですね。」

「最初に君たちが言った二つの劇画は悪をやっつける描き方をしてありますが、実際はあんなんじゃない。」

「先生、悪徳と言えば大震災の時の〝売り惜しみ〟や〝買い占め〟でも受けようとする業者もいましたね。銀行の信用創造もいいことなんでしょうか。」

「信用創造とは、銀行が貸し出しを繰り返すことで、各銀行全体としてみると、最初に受け入れた預金額の何倍もの預金通貨をつくりだすことをいいます。銀行が預金者から一〇〇万円を預かったとします。法定準備率（預金者への支払いのために用意しておくべきお金の割合）を一〇％とすると、一〇万円だけを現金で銀行に残し、残りの九〇万円（元本の九〇％）をA企業に貸付けることができます。このA企業は、銀行から借りたお金で、取引先であるB企業に支払いをします。B企業はそのお金を銀行に預け、銀行にはB企業の預金九〇万円が新たに作られます。銀行は、九〇万円の九〇％である八一万円をC企業に貸付けます。そしてC企業よりD企業に渡り、再び銀行に預金されます。銀行では八一万円の九〇％をE企業に貸付けることになります。銀行の預金通貨はどんどん増えていきます。これが信用創造です。現金通貨が、数倍の預金通貨に生まれ変わります。

　これを合計していくと、預金は、一〇〇＋九〇＋八一＋七二・九＋六五・六一＋五九・〇四九…＝一〇〇〇万円になるのです。信用創造の仕組みは、景気刺激策の効果を考えるのに、とても役立ちます。新たに発行する一〇兆円のお金が、一〇〇兆円のお金の役割を果たすことが可能です。信用創造によって預金が『いくらに増えるのか』、または『何倍に膨らむのか』という計算は、無限等比級数の公式を利用すると簡単に計算できます。」

「先生、銀行員の給料や将来はどうですか。」

「日本はアメリカや韓国他の国と違い、明治以来銀行を大黒柱にして企業集団が形成されてきました。預金利子は一般に誰にも共通していますが、貸付利子は銀行の思惑が影響します。信用の程度で。そして、巨大銀行のトップ経験者（頭取）は最後に上位の勲章を手にします。」

「先生、一戸建てやマンションを買う場合と借りる場合でどっちが得なんですか？」
・関係資料をネットで探して、「買う場合はローンも必要ですね。三五歳から八〇歳までの四五年間で考えると通常の場合、本体価格が三〇〇〇万円のマンションの場合は取引の時に登録免許税・不動産取得税・ローンの保険料等一五〇〇万円はつもりをしておいて下さい。ローンは七〇歳まで払うとして、支払う金利は一一七四万円です。他に毎年の固定資産税は累計して二五八万円など六〇四五万円かかります。」
「借りた金の倍も払うんですか。」

「今は金利がかなり低いからましなほうですよ。じゃ、借りた場合は？」

「家賃を払って住み続けた場合は一〇万円ずつ四五年間家賃を払うとして、他に更新料や年一万円の火災保険料を合わせて、五六七〇万円ですよ。」

「サラリーマンの生涯賃金がベストケースの場合で三億円だから、一八％というところです。」

「きついなぁ。」

「先生、勲章も金で決まりますか。」

「いや、地位で決まります。民間企業よりも公務で仕事をしてきた人、地方よりも中央＝全国レベルで仕事をしてきた人がグレードの高い勲章を得ます。ただし、勲章は他人に推薦されてもらうものではなく、自分で請求するものです。この一覧表を作りましたので、紹介しておきましょう。なお、現在の七五~七九歳の人口は三五四・二万人です。勲章を受ける人は増加しつつありますが、本当にわずかだということがわかります。そして、これは総理府の賞勲局への自主申告ですし。」

「これも、きついなぁ」

表 3-2　勲章の内訳

旭日大綬章	瑞宝大綬章	旭日重光章	瑞宝重光章	旭日中綬章	瑞宝中綬章	旭日小綬章	旭日双光章	旭日単光章	瑞宝小綬章	瑞宝双光章	瑞宝単光章
旧一等	旧一等	旧二等	旧二等	旧三等	旧三等	旧四等	旧五等	旧五等	旧五等	旧五等	旧六等
大臣	旧帝大学長	他の国立大学長	高級官僚	都道府県会議員							
巨大企業社長	元検事総長	学部長	大手私大の学長	大企業の社長	国立大学名誉教授	私大名誉教授	市会議員	中小企業団体の長	簡易裁判所判事	町村会議員	民生委員等
			高裁判事		わずかに私大名誉教授	校長					看護

「世の中の仕組みはすごいことになっているんですね。」

「偉くならないとダメだということですね。」

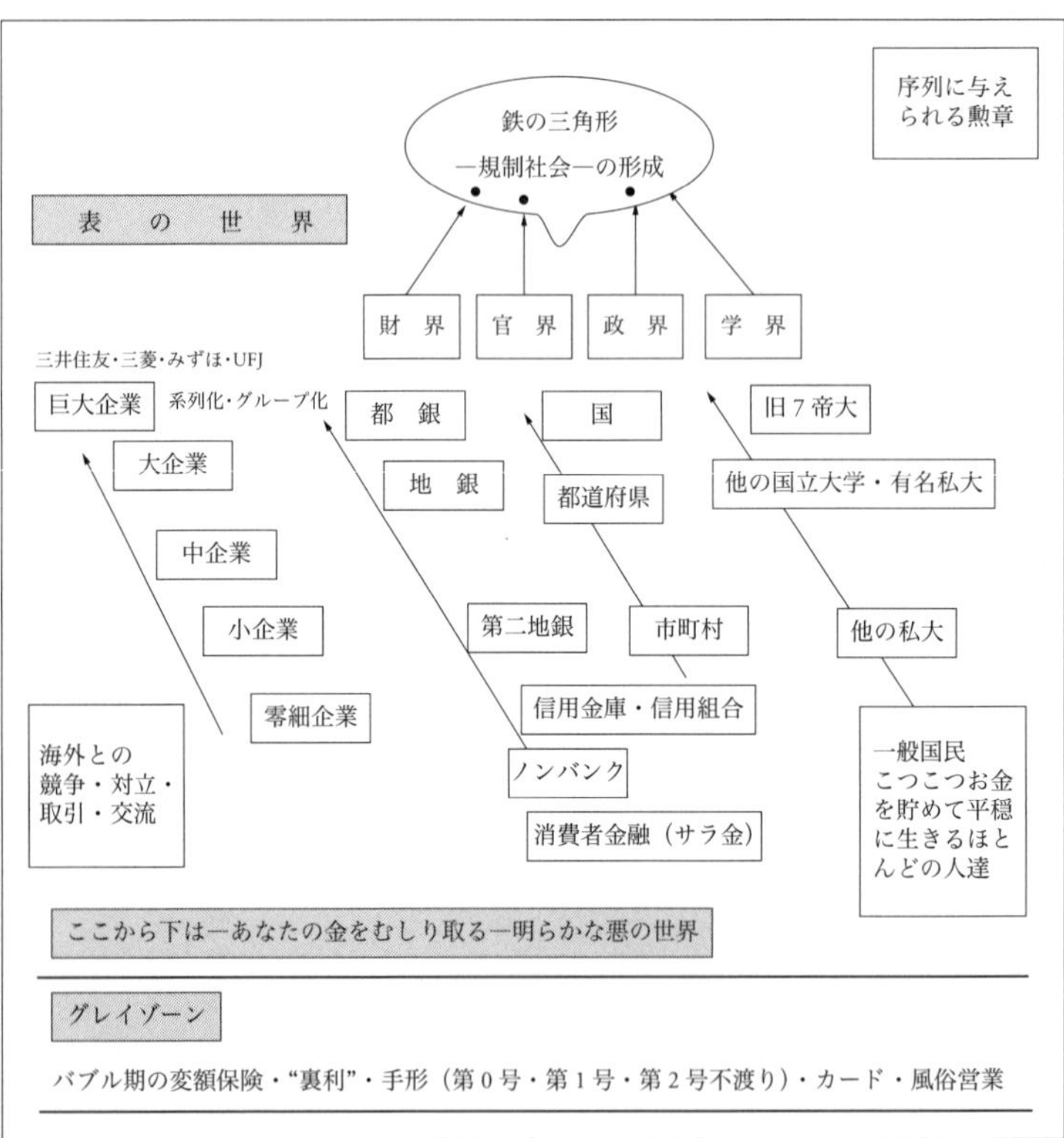

資料　図 3-7　表社会と裏社会の仕組

「でも先生、あまり見えない世界も教えて下さいよ。」

そこで、自作の次のレジュメを説明した。学生たちは知らない世界のことに静まりかえって聞いた。これは勉強の課外編だが、本来の勉強よりも熱心だった。

世の中にそんな甘い話などないのに、大間の人が引っかかっていることを学んだ。〝怪しい会社はきれいなオフィスにいる〟というのもあながち違っていないとも言える。普通なら、社会学者がするように表社会だけで済ますところをアングラ社会の存在を知らせた。〝人を泣かせて、儲けるべきではない〟と。

アンダーグランド（主に経済犯罪）の世界

〈会社〉	〈不動産〉	〈金融〉	〈マスコミ〉	〈イベント・ギャンブル〉	〈悪徳商法〉
加速度償却	地上屋	金融屋（ヤミ金）	ゴロ新	ノミ屋	原野商法・マルチ商法
粉飾決算	地面師	地面師	タレコミ屋	ダフ屋	整理屋・催眠商法・点検（白あり・瓦など）商法
〝圧縮取引〟	〝B勘定〟	押し貸し屋		コーチ屋	霊感商法・内職商法
盗聴	〝圧縮取引〟	印紙等買取屋		ひらい屋	先物取引デート商法
のっとり屋	仮登記でのダマシ	手形のパクリ屋		両替屋	ねずみ講・アポイントメントセールス
産業スパイ	〝金主〟	紹介屋・交換屋		現物まがい商法・ホームパーティ商法	現物まがい商法・ホームパーティ商法
商品の横流し	〝しのぎ・みかじめ〟	〝空売り〟		手配師	サムライ商法・展示会商法
〝談合〟		企業内舎弟			ネガティブ・オプション

手抜き工事		〝つかむ〟			キャッチ・セールス
休眠会社の利用		〝あぶり出す〟			カード犯罪・取り込みサギ
		〝追い込む〟			電脳（ハッカー）
		〝カモ・リスト〟			骨董品の盗作者・
		〝追証〟			架空請求

〈他〉
偽造屋（印鑑・公文書）：亜鉛凸版や面相筆による法務局などでの書類のパクリと差し替え
脱税指南・組弁護士・示談屋・（麻薬の密）売人・密貿易人・仲裁屋・バッタ屋・つり銭サギ・スリ・〝薩摩の守〟・選挙の請負屋

起業者の話は効果的

企業を立ちあげた、起業者の話は何が役立つかを話すことで、学生たちは耳を傾けてくる。歴史に馴染みのある学生は多いので、歴史を経営史として見てはどうかともアドバイスした。

○松下幸之助氏の少年時代の苦境：松下幸之助は、一八九四年（明治二七年）一一月二七日、和歌山県海草郡に生まれた。八人兄弟の末っ子として生まれた幸之助は、生家が地主の農家だったこともあり、生活に不自由することなく暮らしてきた。しかし、幸之助が四歳の時、父親が米相場に手を染めて失敗し、一転して松下家は困窮した生活を強いられることになる。その後、一家は和歌山市の中心街に引っ越して履物屋を始めるも商売は上手くいかず、幸之助は九歳にして小学

京滋の学長
トップインタビュー

京都経済短期大　岩田年浩学長　4年制編入や就活支援、丁寧に

―ほかの短期大と比べた強みは

「経済」を大学名に掲げていることもあり、入学してからすぐに就職活動を支援するカリキュラムを組んでいる。学問的な専門性を高める授業に加えて、公務員や医療事務、ホテル・ブライダルなど11職種を目指す講義を受けられる。企業への志望理由書の書き方など、きめ細かく指導している。さらに本学の特徴として、ほかの4年制の大学への編入を支援している点も挙げられる。短大で人数が少ないという利点を生かして、次のステージを目指す学生をきめ細かくサポートしている。

―女子短大の多い中、男女共学を採用している

共学であることで、女子短大の学生よりも積極性が生まれているのではないか。女子学生は卒業してすぐに就職を目指すケースが多い。男子学生は4年制大学への編入を目指す傾向がある。編入先の大学としては、国公立大や関西の私立大などがある。一部の私立大には推薦枠も持っている。

―近年の志願者の傾向は

２０１６年度は、定員１５０に対して志願者は２８６人あった。ここ１、２年は増加傾向にある。理由としては積極的に広報活動に取り組んだ点があるだろう。独自の就職支援のノウハウなど、本学の強みを高校生や学校に十分に伝えられていなかった。志願者の増加はまだ続くとみている。

―今後の展望を

数年前までは定員を割る時期もあり、まだ経営は安定していない。教職員の数は一定減っても補充を控えるなどして対応してきた。ただ、近年の好調な志願者数をみれば、定員増を検討していいかも知れない。関西には短期大も多い。学問の街である京都にある利点を生かして、学生のニーズにきめ細かく答えられる特色ある短期大でありたい。（聞き手・広瀬一隆）

〈参考 2〉「4 年制編入や就活支援、丁寧に」京都新聞記事

校の中退を余儀なくされる。単身親元を離れて大阪へ丁稚奉公に出ることになった幸之助は、以後五年余り、火鉢屋や自転車屋で小僧として働き、辛くも挫けることなく、そこで得た多くの経験を基にして、商売人としての才能を現し始める。そして一五歳の時、開通したばかりの市電が走るのを見た幸之助は、「これからは電気の時代だ」と確信し、大阪電灯（現在の関西電力）への入社を決意した。大阪電灯へ入社した幸之助は、あっという間に頭角を現し、二二歳という若さで工事人の目標である検査員に昇進する。しかし、その仕事は一日数時間で終わる楽なもので、他の検査員が喜んで仕事をしている一方、幸之助だけは物足りない気持ちで日々の仕事に従事していた。そんな中、仕事の合間に改良ソケットについて考えをめぐらせ、それを実現した。彼の成功物語の始まりだ。

○　黒田善太郎氏は一八七九年二月七日、黒田屋七代目善三郎と妻よきの間に長男として生まれた。ここでは

客からの信頼を得る努力について述べておく。文具やオフィス家具コクヨの創業者だ。まずは徹底した品質の追求、ものづくりへのこだわりだ。氏が和式帳簿を製造し始めた当時、市販されていた帳簿は一〇〇枚と記されても、製造工程時で不良品が出るため、実際の中身は九六〜九八枚程度だ。これを黒田氏は、「作り手の都合で消費者をだますのはおかしい。製造途中での失敗を客に転嫁して、客に嘘をつくようでは信用を失う」と考え、枚数を厳重に管理し、中身が一〇〇枚の帳簿を作ったのだ。

明治末頃、人々は主に筆を使用していたが、次第にペンが普及し始め、ペンとインキの手軽さが認識されつつあった。しかしながら、当時市販されていた既存の和紙では、金属製のペンがざらざらした表面にひっかかってすぐに紙が破れてしまう。そこで黒田氏は、「じきにペンの時代がやってくる」と読み、なめらかな質をもつ紙づくりに取りかかることになる。人に対する気配りつまり、一緒に仕事をしてくれる仲間づくりだ。従業員に対しては善太郎氏は、自分が奉公していたとき、ひもじい思いを経験したことから、住み込みで働いている従業員に温かいご飯を腹いっぱい食べさせるように心がけた。顧客に対しては、関東大震災の際、多くの業者が品不足につけこんで不当に高い価格で品物を売っていた。その中で善太郎氏は適正価格で品質の高い品物を売ったのだ。また終戦直後、原料紙が値下がりして製品の値段が安くなった時、すでに商品を仕入れた卸売店に損をさせないよう、在庫を調べ、差額の分を現金で補填したというエピソードもある。「販売のコクヨ」について。目先の利益だけにとらわれず、また取引の相手も昔からの取引先を優先し、顧客との信頼関係を築いていったのだ。このような誠実な行動が、「東京国誉会」、

「全国コクヨ専門店会」といったコクヨ製品を扱う仲間の集まりの結成に結びつき、販売網の拡大、安定につながる。販売力の強さを支える、しっかりとした全国的な販売網の土台があることから、コクヨは俗に「販売のコクヨ」とよく言われるようになるのだった。

○水野利八氏の初心の部分：明治一七年（一八八四）五月一五日。水野利八は岐阜県で大工の棟梁の次男として誕生した。一二歳の時に大阪に奉公に行き、一七歳で京都の織物問屋の番頭を任されるほど、幼少の頃よりその商才を如何なく発揮していった。彼の転機は一九〇三年、京都で行われた三高（現在の京都大学）と神戸の外国人クリケットチームとの試合を観戦した時に訪れた。今まで商売に打ち込んできた自分と違い、全力を出してスポーツをする彼らの姿を見て利八はスポーツの世界で何かをしようと決意したのだ。後に彼の残した言葉である、「スポーツは聖業である」というのも、この試合が原点となっている。そして、一九〇六年、水野利八は織物問屋での経験を生かし、洋品雑貨などを扱う「美津濃商店」を開業する。さらに、四年後の一九一〇年、美津濃商店は念願の野球用品の取り扱いを始めるのだった。

○安藤百福氏の工夫：即席ラーメンの世界的開発者だ。試行錯誤の中で、彼が注意したのは第一に飽きのこない味にする。第二に、家庭の台所に常備されるような保存性の高いものにする。第三に、料理に手間がかからない簡便な食品にする。第四に、値段が安いこと。第五に、人の口に入るものだから安全で衛生的でなければならないこと。もちろん、困難の末に製造特許を取って

いる。（魔法のラーメン発明物語　日本経済新聞「私の履歴書」より）

○　小倉昌男氏の営業部長時代：全国ネットの宅配便の企業を立ち上げたが、全社的課題に直面した。多角化に成功したことにより六〇年度のデータから全売上高約三三億円に対する経常利益率は三・一％であったので業績はまずまずだったが、基幹事業である路線トラック部門の業績が悪化し、採算割れになっていた。また、現場管理を甘さがあった。会社帰りに営業所に立ち寄ると荷物の積み残しが多かったので、一回の運行に対し標準輸送量を定めて報告させるようにした。さらに、長距離・大口貨物輸送の波に出遅れた。戦前の道路事情やトラックの性能を考えた社長の「短距離・小口貨物輸送」は当時はよかったが、戦後の道路舗装やトラックの輸送能力の飛躍的向上により「長距離・大口貨物輸送」が可能になった。しかし、社長が「短距離・小口貨物輸送」にこだわったため、時代の流れに乗り遅れた。そのことから、「成功体験のある人ほどそれに囚われて失敗する」という経営法則を学ぶ。運送業には区間によって路線免許が必要だ。東海道の路線免許を入手するため「箱根の山にはお化けがいる。越してはいけない」という社長を説得し、小田原―大阪間の路線免許の申請をするが、既存の同業者の反対同盟により難航する。そしてやっとのことで免許を取得し長距離便をスタートさせるが出遅れたために主要な荷主は同業者が囲い込んだ後であった。これもやがて克服していく。彼の死後の今日、社員が夜遅くまでの仕事で苦しんでいるが、この問題も乗り越えようとしている。

他、日本史の好きな学生からのリクエストで呉服商や両替商を元に発展した三井家と銅の精錬と銅山経営を元にした住友家、さらに明治以後に政府とともに歩んだ土佐から出た三菱家の経営の話しをした。さらに、財閥から戦後の六大企業集団の時代、さらに現代の三大メガバンクの時代へと富の獲得をめぐる歴史のうねりを教えた。成功者は苦労している。

これらの授業が一段落するとアメリカの起業者の話に入った。ここではその要点を紹介しておこう。「現在のそして将来の客のニーズはどこにあるか……」

このことに目を向けずして経営は成り立たない。

このことは経済学が目的にする「市場とは何か」、さらに商学・経営学のマーケティング戦略の原理そのものなのである。そして、いずれの経営者（特に起業家）にも、客のニーズに応えるとどんないい結果が待っているかというイマジネーションが豊かだ。

アメリカの起業者では、ウィリアム・R・ヒューレット（ヒューレット・パッカード社の創業者）は、一九七二年の段階で、それまで計算尺によるわずらわしい計算に人々がうんざりしていることを感じて、やがて必要になると確信した電子計算機の開発に夢をはせた。

世界中で、同じ品質（味と形と重さで一九％の脂肪をふくむ）と早い親切なサービスのハンバーグでのし上がったマクドナルド社（レイ・ロックの創業）は低価格で手軽なハンバーグの改良を続け成功した。これは客の望むものは何かを追及する一貫した立場が明らかだ。

ウェブ・テレビ（全米で二万一〇〇〇の販売店）で有名なスティーブン・パールマンはテレビの上に置ける小さな箱でユーザーが何もせずに、ネット・サーフィンが楽しめる機械を製作した。今日ウインドウズ上でコンピュータのアップグレイドが出来るようにしたのも彼の会社である。

アメリカやイギリスのマスコミを次々と買収していった、ルパート・マードックは自分の会社（ニューズ・コーパレイション）が大きくなるにつれて、思い上がることなく、コストの削減の手を緩めなかった。これが発展の理由である。つまりは、コストの管理が根本だという原理が彼の脳裏に焼きついていたのである。

言わずと知れた、マイクロソフト社の創業者ビル・ゲイツはその飛躍の素となったＭＳ－ＤＯＳの特許を交渉の中で、ＩＢＭに売り渡さなかった。彼は交渉をふくむ戦略をメモにする習慣があったが、これによって自分の進む道を客観視し大きな間違いを生じなかったのである。つまり、作戦は書くべきなのである（出所：Steve Mariotti ,The Young Entrepreneur's Guide to Starting and Running a Business, Three Rivers Press, 2000)。

この他、多くの起業者を取り上げたがその教訓を学生たちに自由に黒板に感想を書かした。

1　成功しない人は必ず言う「成功したその人は特別だ」と。これ本当だと思う。

2　成功する人は失敗から学ぼうとする、成功できない人は成功から学ぼうとする。知らなかった。

3　「程度の低い人間は程度の高い人間を手本として、程度の低い人を侮辱する。これでは同じく程度の低い水準のままである」（中国　老子の言葉）。

4　成功するには自分でやってみることだ……ウォルト・ディズニーの言葉はアメリカ的だと思った。

5　成功者は成功し成長していくプロセスに喜びを感じるというのを初めて知った。……凡人は結果が喜びと信じている。自分も実感したい。
6　収入の増加していくプロセスに喜びをもつ。
7　自慢するだけ、肩書を自慢するだけの人の成功話に価値は感じない。
8　出来る人は誰でも成功は可能だと思っている。
9　成功する人はアクションが速い。自分は遅い。
10　相手に応じたマナーがコミュニケーションの必要ツールと捉えている。
11　皆と同じではなく、自分の特徴を作っていこうとする。
12　責任は他人ではなく、自分にあると知っている。これが難しいんだよな。
13　いつも自分に役立つものは何か、それを吸収しようとしている。
14　努力を恐れず、リスクは覚悟している。
15　成功者はギャンブルをしない……少ない確率には賭けない。ホントだと思う。
16　情報価値の大量性・希少性を知っている。スマホでやってみます。
17　役立つことは全て学ぼうとする。
18　想像力（イマジネーション）を働かせようとしている。
19　いつまでにという時間管理を大切にしている。
20　うるさい人間ほど動かない……頭でっかちや口先だけの人ってたまにいる。
21　メモを取る……忘却を抑え、自分を客観視できる。これが金言だ。

22　成功者は若いときには変人に見られがちだ。円満だけではのし上がれないから。でも、自分は変人にはなれない。

23　成功論で有名なのは、人をいかに動かすかに力点を置いた論調のD・カーネギーと心理を積極的にさせることに力点を置いたポール・J・マイヤーの二人。

24　経済成長には潜在的成長率（資本の完全稼動と人の完全雇用の状態での仮定された成長率）があるが、人間の能力にも潜在能力があんですね。これを信じよ。実際には潜在能力の五〇％も生かされていないことに驚いた。

25　〝結婚して、家を建てて、平凡に幸せに〟と思っていたのに、見方が変わった。

父母の声

この数年間、年に二回の父母と教職員の懇談会で出た感想には次のようなものがある。ここには、親としての子育ての苦労や学生生活への期待の生々しい声が出て来る。

○　企業がどんな新入社員を求めているのかわかりました。
○　この短大の先生たちがカリキュラムに自信をもっておられることがわかりました。
○　丁寧な説明だったと思う。希望している会社の情報を目の前で説明していただきました。
○　自己ピーアールなど出来ない息子ですが、先輩の人たちのように変身出来てほしいです。
○　来年の今頃には内定をいただけるようになって欲しいです。

○実際に、編入合格を果たした人の話はわかりやすかった。
○親としての意識も高まりました。
○グラフがよく分かるようにしてあって助かりました。
○娘は四年制大学の入試に失敗し、もう一度挑戦できるのはこの短大だけだと入学しました。話しを聞いて、自信が出来ました。
○授業により、出席のとり方が違ったり、遅刻者への注意の有る無しを改善出来ませんか。

学生をどのように成長させるか、自信が持てる学習体験を抱いて卒業出来るようにする。これは学校と教員・理事者にとって自覚の必要なことである。経営上の採算は大切だが、この観点をなくしてしまうことは出来ないはずだ。学生をやる気にさせる。採算も取る。どうしてもこれら両方を追求しなければならない。大学・学校の宿命ではないのか。学生を伸ばした実績は必ず世間から目を向けられる。考えて、行動して、改良して前へ前へ！

4　学長の立場・理事長の立場、大学教員の立場

(1) 大学もいろいろある

すでに、一九八七年九月に大学審議会は戦後の高等教育を見直し、大学を種別化した。教養教育の大学、職業能力育成大学、生涯学習提供大学、最先端指向大学、大学院大学がそれである。九九年七月に成立した「独立行政法人通則法」を機に国立大学の在り方は（独立採算制など）大きく変化した。つまり、大学の性格が多様化したのである。

かつては日本の大学の学部の数は少なかった（昭和一九年度には四八学部）が、**平成一七年時点で、日本の学部名の数は二〇〇を超えている。**

これは経済の発展や社会の複雑化の中で、ますます、専門性が問われるようになってきたことが背景にある。さらに、これらの学部の多様化の中での個々の研究分野は専門化（〝タコツボ化〟）してきた。これは大学や研究者が学問研究の全体像を見ることから離れる問題を大きくしてきたともいえる。

表 4-1　大学学部数（昭和 19 年度）

学部	帝国大学	官公立大学	私立大学	合計
法	2		6	8
医	7	7	3	17
工	8	1	3	12
文	2	1	19	22
理	6			6
農	3		1	4
経	2		5	7
法文	2		5	7
文理			2	2
商			8	8
政経			2	2
工理			1	1
商経			3	3
合計	32	9	58	**99**

(2) 学長もいろいろいる

平成二五年四月二二日、文部科学省令第一五号が公布され、学校法人会計の原則は大きく変化した。ポイントは経営判断の指標である「財務比率」に着目し、「新学校法人会計基準」への対応に資することを目的としている。これによって活動区分ごとの資金の流れや収支を明確にし、財務情報を正確にわかりやすく社会に説明することになった。活動区分ごとの収支計算書、（従来の消費収支計算書に代わって）事業活動収支計算書の作成が義務付けられた。この基本的な考え方は資金の増減及び保有額を重視した計算書にしたということである。

学校法人と宗教法人には法人税が課されない（営利企業とは異なるから）。文部科学省は経営危機の状態を毎年キッチリ把握しようという趣旨でなされている。この背景には、二〇一五年度で四三・二％の私立大学が定員割れしている。実際、北海道札幌市の札幌大は、ピーク時に約七〇〇〇人いた学生が二八〇〇人まで減り、二〇一三年度に学部再編を余儀なくされた。兵庫県尼崎市の聖トマス大、兵庫県明石市の神戸ファッション造形大、愛知県新城市の愛知新城大谷大は二〇〇九年、経営難から廃校になっている。広島県坂町の立志舘大は二〇〇三年、広島文化学園大に吸収合併されたほか、三重県名張市の皇學館大名張キャンパスは二〇一一年に撤退した。群馬県高崎市の創造学園大は二〇一二年、資金不足に陥り文部科学省から解散命令が出ている。

こうした中で、私立大学・学校の経営者（理事長）は自らの学園の生き残りをかけて、動いている。超大手の私立大学は彼らなりにライバル校をにらみ動いている。多くの場合、私学の経営者は大学の教学を根本的にどうするかよりも、採算を取ることを第一の課題と考えている。経営が危険・不安になると、学内での不満や対立は激しくなってしまうのは常である。

平成二六年八月二九日の省令で学長の権限やリーダーシップの強化が明言された。戦後、大学の教授会は大学運営の大きな権限を担ってきたが、今回の省令で教授会は大学運営の決定期間ではなく、学長の諮問機関と位置づけられ、教育研究の事項に権限は限定された。こうした改革の背景には、教授会自治の中で、大学改革の意思決定に多大の時間がかかるという各大学の事情があったことは確かである。また、弊害の多かった学長選挙を廃止し、理事会に実質的な学長任命権を付与する。そうすると、学長は教員よりも理事会に目を向けることになる。私学の場合は、形式だけの学長権限の強化はその上に立つ理事長権限の強化になりやすい。人間組織の実権は人事権と予算決算決定権がどこにあるかで決まるのだから。これはこれで新たな問題も出てこよう。

旧帝大の延長上にある大学の場合は学長の個性はともかく、学識（研究業績）が必須となる。どこの国立大学でも、研究はそっちのけで学内行政への関心や評論だけで生きている困った教員がいる。ついでに、英語での国際的な研究発表や会話は当然になる。その上に教員を束ねるカリスマ性も欠かせない。いわば、何がしかの〝偉さ〟がほしい。これが学長のステイタスになる。

それに次ぐ、大学では研究能力以上に自分の大学を伸ばせる戦略戦術を立てる能力・実行力がないと短命の学長に終わる。今日では、学長に経営管理の能力が必要なことは明白である。

崩壊への赤信号が灯る大学では、学長は受験生の獲得でも教育でも研究でも実行力がぜひとも必要になる。が、動かない。どうすればよいかがわかっていないのだ。

いずれにせよ、高齢・高学歴でも動きの弱い（自分の任期中だけ無事に済めば良いといった）飾りの学長は不要なのである。

学長の子が学長という世襲で成り立っている大学の場合や学長が理事長のイエスマンになっている場合はどうだろうか。理事長には、経営を背負っている責任感から、ワンマンな人もいる。そして、教員の研究は経営の役に立たないと軽視するタイプもいる。企業社会しか経験のない社長はとくにその傾向が著しく教員の立場と衝突する。日本の大学では、教員は何よりも研究者として有りたいと思って、大学の教員になってきたのであるから。他、すこし安定した学園経営になると私生活での乱れに陥ったり、それが学内に露見している場合もある。

ともかく、難関の大学出身者なら大学の管理運営にも能力が発揮できるだろうとされた場合。例えば、学長就任にあたって「何分、私は自分の研究以外は不得手でありまして」といった遠慮勝ちのあいさつはよくあるが、奇妙なこと。つまり、形だけの学長になっている。現在の日本の大学では、何処でも実際の大学の管理能力が問われる、アメリカの大学では考えられないことだ。

学長に必要な資質・能力とは何か、その心得とは何か

○　外部から入ってきた学長はまずは現場を良く知ることに時間をさくこと。

○　受験してくる、高校の目線で自分の大学の魅力を伝えられること。これは高校の先生や高校生と話してみれば、気分がわかる。

○　高校生とも大学生とも職員とも教員仲間ともうちとける一方で、自分の特徴を醸し出せる距離をとることができること。会議でも押しの効く発言をすること。

○従来から重視されてきた、研究を積み重ねてきた経験があること。研究者を相手に研究実績がなければ、まともに話が出来ないから。

○本当の教育力は「教育」と名の付く論集や研究会で発表すればいいというものではない。コンピュータを使えば（使うのはいいことですが）先端を行っているというわけでもない。授業の実践で苦労して、学生を進歩させた経験が役立つ。

○大学では、申し訳だけの「教員評価」や「自己申告」があるが――これは日本の大学が教育を軽視してきた表れでもある――、授業の実践で学生を伸ばせたという経験があること。この事実は高校の先生や高校生にかなりの説得力を持つ。大学の宣伝パンフレットがつまらないのはこういう配慮が出ていないからだ。

○時として、産業界で活躍している企業人を大学や学校のトップにすえるところがあるが、教育と研究の世界は（どんな効率主義の大学人であれ）企業とは異なる、大学や学校独特の作法が必要だということが理解されるべきであろう。人間を育てるところは物を作るところとはどうしても違うのだから。

○少々は自分のポケット・マネーを使うことに拘泥しないあっさりしたところが必要。〝無い袖〟でも振る必要がある時もある。大手の大学では、学長や学部長が使える交際費があるが、小さい私大短大にはそのようなものはない。学長専用車もない。また、大学教員の所得は国公立よりも巨大私学は高いが、無名の私学の場合は大幅に低い。なお、学長の年収は私立の有名大学で約二五〇〇万～三〇〇〇万円、存続の危うい私立大学や短大で一〇〇〇万円以下のところもかなりある。最高裁長官の年収約四〇〇〇万円・高等裁判所長官の年収約二四〇〇万円・国会議員の年収二一八七万八〇〇〇円と比べることもはばかられる。

○　どんな職場でも、今いる教員スタッフの中には目だたないが（そして、人からあまり評価されないが）特徴のある仕事をしている人がいます。この事例を宣伝で打ち出す必要がある。

○　お金をかけないでも（予算の削減があっても）経営はできると決意すること。

○　マスコミへの広告よりも、取材によって記事や番組に取り上げてもらう努力をすること。マスコミへのコネは人づてに「作っていくもの」と覚悟すること。この点では、大きな組織に属することは少なかったが、私は二〇代から、人との名刺交換を大切にしてきた。名刺に会った日時と場所、話したテーマ、人物の特徴を書き込んで、四〇年間フルに活用してきた。昔、会った若い人たちが地位を上げていくので、これが助かった。但し、年賀状はもちろん継続して付き合わなければ効果は出てこない。ワインのビンテージ（ワインに使われているぶどうの収穫年や生産工程と似ていて、古いほどよいとされる）と同じだ。

○　教授会や執行部会・各委員会などの会議を乗り切ること。心の清い良心があればみんな理解してくれる。孤独な気持ちは経営トップは皆が味わっている。苦労が学長も大学も強くしていく。全国の学長は様々に努力していると思う。なお、教授会は若手教員にとっては大学を学ぶ場所であることに変わりはない。

○　経営が破たんに近い状態の私学では、教員も職員も決められた仕事以外の努力は控えようとする。生き生きと仕事をしていれば、皆の表情も楽しくなってくる。よく、咳払いもしにくいような職場の雰囲気を好む経営者がいるが、これでは相当な不満が渦巻いていると言っていいだろう。

教員がよく立ち入る事務室は明るい空気であって欲しい。教員も職員もいろんなタイプがあることを肝に命じておくべきだ。

○最後に、学長や学園長はうまくいくと自分の経験や地位に甘えることになると良くない。私は昔、在外研究で半年間海外での研究から帰国したが、帰国後ある幹部の会議での発言の仕方や横柄な態度に驚いた事がある。日常接しているスタッフにはそれほどはわからないことだろう。数年後、その傲慢さがこうじて彼はその地位を去った。学長や学部長の地位にはあるが人間的に成長していない人もいる。こういう幹部は必要無い。

○事務的な話だが、連絡はやはり顔を突き合わせ（フェイス・ツー・フェイス）で話すべきだ。これは誤解や責任のなすり合いを防ぐから。これは相手の感情や話の微妙なニュアンスもわかるから。

○授業と同じで、会議などではいきなり「この問題をどう解決するのか」等といきなり切り込まないで、まずは問題点をぶつけていくこと（授業での最初の発問と同じだ）。役に立つ意見は取り入れて、気持ちを一つにすること。これが会議の目的なのだから。会議は議論で長時間取るのは得るところがない（日本の会議は長すぎる。おまけに稟議書の印押しもあって他国の組織に比べて意思決定に時間がかかりすぎ、国際競争に負けるのはよく知られているところだ）。簡潔に、しかし心を一つに。

学長が教職員と接するポイント

見ず知らずの学長が突然職場に入ってきて、教員も職員も〝急に来て、何かできるのだ〟〝大阪の人間が京の地でうまくいけるのか〟という空気はひしひしと感じた。どんな組織でも、上司は部下のみんなとのコミュニケーションが取れないことで悩む。「とにかく、部下を褒めればいいんだ」とはよく言われる。何をどんな点を褒めているのかがはっきりしていないと同僚は〝大した策のない上司だ〟と見破ってしまう。また、任務意識にはやった上司は「しっかりせんか」と叱ることやハッパをかければ良いと考える。これも仕事を強制されるばかりだと受け取る人もいる。その上、言うことを聞かない部下を嫌なヤツだと距離を広げていくケースもある。ところが、この短大の事務室の職員は人員を減らされてもきちんと仕事をしていた。私はこの様子にはシメタと思った。下品なたとえだが、ミミズを三つに切ってもそれぞれが生きているように、職員の人たちは学長をはじめ教員と親しく話していなくても、短大の経営が危険な状態になっていても、元気に仕事をしているからだ。好況化と不況化はともに不安定性を増していくとケインズは述べたが、これは大学にもそのまま当てはまる。根本はリーダーの執念と強い意思にあると思う。

それでも、「入学生数が減っていても、最低限必要な職員数があります。減らされては仕事が苦しい」という声もあった。私は職員朝礼で「わかります。赤字の経営状態では今は耐え、乗り越えるしかありません。みなさんが接している学生の親は一〇人でしてきた仕事を七人でやれ、五人でしてきた仕事を三人でやれと言われてやっています。なんとかこの一年、仕事に励んで欲しい。」と述べた。ところが、就任二年目の入試は少し受験生は増えたものの赤字はまだ残った。学園本部からは予算を減らすと厳しい言葉を受けた。会計の立場の人は励ますことと採算を取ることの両方を何としても貫いて欲しい。でも、教職員皆で乗り越えていくことに変わりはない。私は京都市内外の有名企業と四年制大学を周り、頭を下げて要望と姿勢を伝えた。これは職員の運転する軽のレンタカーを使った。ともかく、私が必死で動いていることはわかってくれたようだ。

それでも、事務職員で孤立する男性もいた。学生達が大教室内に掛け時計をおいて欲しいという要望に応えるにはいくらの予算がかかるかが職員の会議での議論のポイントだったようだ。綿密な事務処理が不得手なこの幹部職員は〝具体的な指示がない〟として、激しく追求された。一度嫌われると、また決めつけられると、人間関係はどうにもならない。誰も助けてはくれない。人間関係が内向きの日本では特にそうだ。この職員は一時、学長秘書として仕事を変えたが、さらに別の部署に移って仕事をすることになった。働く環境が変わって、この人は元気を取り戻したが。

そして、いち早く教職員の名前を覚え、笑顔で名前を呼ぶようにした。そして、話しを聞く姿勢に徹した。教職員が嫌うのは、話しの腰を折る人、いつも否定から入る人、自慢話の多い人だから。ヤマト運輸創立者の小倉昌男社長が社内で大切なのは上司も部下も人柄だと言っていたのはその通りだと思う。

よく、リーダーは厳しく指図する一方で優しくすべきだと言われる。職場の中では静かに仕事をしているのが望ましいという人がいるが、この点は違う。リーダーはいつも偉そうにしているべきではないし、部下と同化してもいけない。適当な距離を保ちながら、その位置としての仕事をしている姿をはっきり見せるべきです。やたら怒りをぶちまけることは（間違いなく）よくない。部下をボロクソに言い、事あれば、叱ることや怒ることが仕事だと勘違いしている人、嫌味や皮肉を言う事しかない人は上司をやめるべきだ。

また、時に大学教員に特徴的なのは（教員仲間でよほど孤立した人でない限り）同僚をかばう体質と〝嫌なヤツを孤立させる〞体質が同居していることだ。問題の一時的解決が〝貸し借り〞という教員の風習のようになってしまうと嘆かわしいことになる。

確かに、嫌いなタイプの人はどこにもいる。が、嫌いなタイプの人でもきちんと仕事をして成果を上げていればそれは素晴らしいと評価すべきだ。こちらが心を開けば相手も心を開いてくれます。また、教員も職員も正規採用の人か、一年ごとの非正規採用か等の区別は関係ない。学長をした五年間、このことを体験した。

教員の中には仲間付き合いは良くないが、学生の指導で信頼を得たり、成果を上げている人もいた。授業では手を抜かずキッチリ屋さんもいた。(簿記など) 資格試験で多数の学生を喜ばせた先生もいた。職員の皆と共に、教員は一人一人がさらに個性的 (時に、難しくなる) だ。情報を共有し、自分だけが頑張っているという、あまりにも独りよがりなことには注意しながら進まなければならない。

私のいた小さい短大でも、毎日何かの問題が生じる。理事会からの要望、教員間の問題、教員と学生の問題、キャンパスの周辺の人たちからのこと……、無数にある。アクションを早くして対応すべきだ。こちらも、普通の人間だから、気分が落ち込むこともある。腹が立つこともある。振り返ってみると、私が心のピンチを乗り切る事ができたのは、いつも複数のチャンネルを持っていて、一つが行き詰まれば別のことに心を移すことをしたこと(別の方法を繰り出してぶつけていくこと)。一旦、一つのことに集中すると、次々とアイディアを出してみること。具体的な手立てをメモに書き出していくこと。道徳書や精神科医の言われるような模範的な対処は出来ないし、心の落ち込みを隠しきれないこともある。自分は普通の人間だとつくづく思った。

さて、教授会など教員の会議は白兵戦のような場だ。そこでは言うべきこと伝えるべきことと議論すべき事の二種がある。いずれも区分けして、どちらも簡潔で有意義なものにできるようにするのは学長の仕事だ。

ここの学長をするまで、企業社会や地域社会との接触は激しかったが、組織体のトップの経験は初めて。びっくりしたり、苦労したりしたが、得難い経験をさせてもらった。

仕事柄、全国のいろいろな大学や短大の学長と接してわかったのはいろいろなタイプの学長がおられることだった。①毎日の決まった仕事〈ルーチン・ワーク〉に追われてゆっくり自分の大学経営を深めることが出来ていない学長。「結局、何をすればいいかわからないんですよ」とまで言う学長。②ともかく、自分の任期の間だけ無難に過ぎればいいと思っている学長〈形だけの学長〉。したがって、大学経営の戦略も戦術も身についていない学長。③自分の大学の問題をよく知っていて、対策を試みている学長。

まず、理事会の幹部や学長は言葉遣いからして、偉そうな態度を取るべきではない。逆に砕けすぎた言葉遣いも不自然だ。部下からの伝言を聞く時や打ち合わせを面倒くさそうにするのもよくない。こういう軽薄な態度は〝なめられている〟と部下が感じるのが当然だからだ。要は、こちらが自分をモチベートしていなければ、相手をモチベートさせることは出来ないということだ。

一般的に、大学の教員や職員で問題と感じるのはその学校のもつ問題意識や目的意識を持たない人もいることだ。これは経営組織の中で、その人をどのように選別したのかに関わる。「あなたのポジションで抱えている問題は何ですか？」と尋ねると、その学園や大学・他短大の一般的なことしか話さない人がいる。また、自分に関係する仕事について話すが抽象的にしかない話さない人。「君の意見を君の声で聞きたいんだよ」と言いたくなる。

どの職場にも問題はある。それが学生を募集し育てていく上での問題か、職場の人間関係の問題か、この二種類に別れる。幸い大学には学期の区分や入試日程、行事日程は決まっている。したがって、いつまでにという期限が決まっているのがありがたい。一般に、仕事は期限を切らないと成果は望めないからだ。時間は空費していられない。次の日程までにどういう手を打とうかと考える事になっているからだ。私は見ず知らずの人達の討論の輪にはいっていくのが習性になっているからか（少し、陽気かなと思う）、職員のみんなとの仕事の打ち合わせに加わることは楽しかった。そして、様々なアイディアを出して話し合った。学長や事務局長は部下の心の内を読んで早く対応すべきだ。

出張で一日空けると職場でびっくりすることが進められていることもあった。困ってしまった時は打開策を必死で探すことだ。説得はこちらの執念が全てだ。粘り抜き、連続攻撃をかけて押し通すべきは押し通す必要がある。学長室の椅子に座ってるばかりでは進まない。考えた後、迫真の構えで押し通し、真剣に突き進むべきだ（それでも、うまくいかないで悔しいことはあるが）。また、教員も職員もうわさ社会だ。うわさの出処の詮索よりも、どういううわさが流れているかはチェックしておいた方がよい。

職員や教員の抜擢を繰り返す幹部がいる。人事の決定権を行使しているわけだ。日本のしかも最も日本的な京都では、抜擢人事は周囲の同意も応援もえられず、職場の和が壊れてしまうことがある。とんでもない抜擢や採用は失敗する確率のほうが高い。そして、人は変わる。元気だった人が抜け殻のようになってしまった職場もある。表向きは元気でも、孤立していく人もいる。本人の「したい仕事」（希望）を尊重しながら、給与額・教育・人柄・年功を配慮した人事配置が大切だ。ヤマト運輸の初代の小倉昌男社長が言われたように、根本は「人柄」だが。

人間だから、ヤッカミや責任転嫁、陰口に走る人もいる。職場が楽しいと言われるような励まし合いが欲しい。それには学生のゼミと同じで、核になる人が欲しい。私の職場にはおられて助かったが。かつての、ソニーの創業者の一人、盛田昭夫元社長の言葉に「はたらくとは〝はた〟を〝らく〟にすることだ。」というのがあるが、そのとおりだ。

私事だが私はこの五年の学長経験で、何よりも感じたのは〝人は変わる〟ということだった。幹部ほど変化し成長出来る立場はない。就任前にはとても出来ない仕事や責任だった。こまめになったり、大胆になったり、機敏になったり、笑顔を絶やさなかったり。仕事をする中で周りが私を成長させてくれた。最後は学長の仕事に押しつぶされずに生き抜いたことだと思う。あらゆることが私を導いてくれた教師だったと思う。早く成果を上げることに迫られたのが猛スピードの改革に繋がった。

コラム　アメリカの学長・中国の学長、現場報告

私が使える外国語は英語と中国語だ。これら二つの国の学長の様子を述べる。

一〇年前の夏に、私はテネシー大学（チャタヌガ校）を訪れた。その時は「経済学と経済教育」の研究会があったので、研究報告をしてきた。その日の夕方、学長が自宅の庭で恒例のパーティをされるというので行ってきた。一五〇人ほどの参加者だった。学長の家は敷地八〇〇坪はある森林の中の屋敷で、プロのコックさんが各種の料理を作っていた。参加者はワインなどお土産を持って参加する（参加費などはない）。酔っ払う人はいない。酔いがまわるほど飲むのはインテリやセレブのすることではないからだ。やがて、楽団の演奏が始まる。私は「テネシーワルツ」をリクエストした。アメリカのセレブの様子がよくわかった。日本の大学の人たちとは違う。私はこういうパーティなら毎日あっても嬉しい人間だ。日本人はごく偶のパーティなら参加するが、アメリカの人付き合いだ。

さて、アメリカの大学の学長はその人自身がセレブであることが多い。寄付などの資金を集め、有効に使う立場だ。そうでなければ務まらない。日本の学長は一般の教員の三割増しから五割増しの給料がせいぜいで、資金集めなど無理だ。学長に就任して「何分、私はお金や人を集めることは不得手でございまして」という事例がよくあるから。アメリカでは大学生は奨学金をもらうのは当たり前、奨学金が学生の殆どに出せないような大学は存在しない。日本と大きく異なる。

中国では、清華大学・重慶大学・大連理工大学など一〇を超える大学で講演をした。学長は言う

までもなく、中国共産党の幹部。中国の国会に当たる全国人民代表大会に参加できるのは、北京大学・清華大学・大連理工大学など五つの大学のそれも学長だけが参加できる。学長室は大きな部屋で、学内の教職員の指揮を取る。これは中国の高校・中学・小学校から企業全般に共通した特徴となっている。各教員も職員も中国共産党員でなければ、出世はおろか明日の勤務もままならない。また、日本の大学とは正反対に、教員よりも職員の方が地位が高い。よく、日本へ留学してきた中国人が真っ先に大学事務室へお土産をもっていくことがあるが、それはこういう中国の国内事情から来ている。彼らは食事を奢ってくれるが、もちろん自分のお金ではない。各種の中華料理のフルコースを毎日のように食べる。しかし、日本人など外国人は帰国の時の食事はポケットマネーでお礼としてこちらが奢らなければならない。仕方なしだ。

また、キャンパスの中に教職員や学生・院生の住む（べき）アパートがあり、退職後も皆引き続き住んでいる。さながら、大学村のようになっている。学内には賑わう食堂があり、大きな風呂も散髪店もある。図書館は一〇時か一一時まで利用されている。学生はアパートで六人ほどが同じ部屋で過ごすので、自分の本などは最小限しか持たない。だから、図書館で勉強するしかない。それも目先の就職に役立つ勉強で、体制批判を含む視野での勉強も研究もほとんどなされない。大学院生の場合は二人部屋か個室になる。つまり、日本のように電車やバスなどでの通学はない。共同生活だ。社会主義社会の特徴がかなり残っている。

コラム　アメリカ人とアメリカ社会の特徴

数度に渡ってアメリカの起業家教育を視察した経験から述べておく。

アメリカはまさに資本制の権化であり、起業国家の特徴を備えている。アメリカでは小中高から大学まで社会科・経済化・英語科・技術科などを通じて起業家教育が広く深く行われている。

連邦政府自体が公共的な政策でサポートしてきた。一一歳から二九歳までの三分の二の若者が生涯の起業を希望しており、これは人生の夢や希望と起業家精神を重ねるところから来ている。この点、日本社会の体質とは全く異なっている。大学内にも起業のためのインキュベート施設がある。つまり、ベンチャー企業の立ち上げを容易にしている。これは建国以来のアメリカ資本主義のスピリットであり、ビッグ・ビジネス（巨大企業）とスモール・ビジネス（小企業）やコミュニティ・バンク（小型銀行）が併存している。

大学生のほとんどが奨学金を得ることが出来、将来の人生の成功と関係して学生生活を位置づけている。日本の大学や大学生との違いがある。

(3) 教授もいろいろいる

研究者（大学教員や研究所の）養成を主にする大学と企業に勤務する人たちを送り出す大学。さらに、

（いかにパンフレットを空虚に飾っても）無目的なすべてのやる気を失った学生を集める大学や短期大学と各種あるのを反映して、日本の大学の教員も様々。

旧七帝大系の大学、旧高等商業学校系の三大学、旧高等師範学校系の二大学では教授の権威は高く、大学の人事や予算は有力教授が仕切る。そこでは、国内外での最新の研究成果こそが評価される。

研究費

入試レベルの差が反映して、教授の研究費は年間一千万円を超える臨床系（医学・歯学・薬学など）の教授から実験系（理科系全般と地理学・教育学など）の教授、課程制（教員養成学部）の教授と格差は一〇倍以上ある。さらに、准教授・講師・助手と差が広がる。短期大学の場合は〝研究でもないだろう〟と国立大学の助手レベルの研究費の所が多い。底辺の四年制大学では、教員が職員の仕事をしなければならない所もある。教職員組合は弱体化し、存在しない大学も多く、あっても権威は著しく下がっている。低迷する組織では、新たな仕事を（理屈をつけて）拒み、マンネリ化の沼の中を居心地よく思う安易さに満ちている。自分で問題を設定して立ち向かうことが大切だ。実はこの問題設定能力は経済学で最も重要視される能力でもある。自分の考えた目標と手段が甘くはないかを考えて生きたい。しんどい仕事だが、やりがいはある。

大学教員の仕事には、学生の授業の質問をチェックする、授業の準備をする、委員会の委員など校務分掌に関係する、教授会に出る、広報活動、入試と採点の実務、トラブルの処理、課外活動としての授業を持つ（編入や大学院への進学指導など）、学会や研究会での活動と熱心にすればキリがないほど多くの仕事がある。職員やサラリーマンやＯＬと違って、大学の教員には自由に出来る時間がかなりある。大学によっては〝研修日〟などと公然と休める日（多くは週一回）を設定している大学（時に高校も）ある。従って、余計な用事は〝雑務〟として敬遠されることが多い。狡い人はもっともらしい理由で、雑務を引き受けない。〝私は研究に忙しい〟と言われることが多い。昨今は科学研究費や企業からの研究費を中心に、学外からの研究費を多く獲得出来る教員は無条件に尊重されるから。国立のしかも旧七帝大系の大学の理系の研究科では、どの研究室（教授）がどれだけの学内外からの研究費を獲得しているかを記載した一般向けの冊子を公開している。これはなんと電話帳ほどの分厚いものだった。学内からの研究費が少ない穴埋めに教員は学外研究費を獲得しようと熱心になる。特に、理系の場合の応募は文系の一〇～一〇〇倍の規模になる。しかし、もし自己本位の風潮が蔓延すると職場は空々しい雰囲気になる。ほか、幾つかの大学で、会議にも出席しない。授業の休講が目立つ教員が問題になっていることを知った（中には裁判沙汰になったこともある）が、こういう教員に限って何もしていないのである。

さらには、職場の人間関係がうまくいかず、学外研究費も取れない教員は不完全燃焼の状態になり、精神的にまいり、退化の一途を辿っていく。こういう人もいる。

大学の事務職員からみると教員の勤務状態は（九時～五時の勤務でもなく）理解できないとよく言われ、時には持ちコマを一日に集中させる、週休六日の文学部の教授までいる。教育と名のつく学会で発表したり、コンピュータ教育をすれば〝教育熱心〟と評価されると勘違いする教員も目立つ。単位のバーゲンセールをすれば学生からの評価が上がり、受講生が増える人気が上がると短絡的な軽薄さもある。底辺大学の教員そのものが「まともな文章を書けていない」「誤字脱字が多く原稿とは言えない」とは出版業の編集者からよく聞く言葉だ。こうした今日の問題点を克服するには、学生をひきつけ、育てる教育をしている他の教員の実際から学ぶことがいいのだが、ほとんど実践されていない。これは出来なかったことだが、自分の仕事を同僚にチェックしてもらうのがいいことなのだ。それをどのように活かすかは人それぞれである。

職員は理事長や事務局長の縦の指示系列として組織されている。教員組織とは別だ。

大学教員や職員、理事者とはアフターファイブやお昼の学食で食事をともにした。一年後に出来るような人間関係を早く作るためだ。

今の時代、大学教員は本当の教育者でもなければ

私の妻は教育系大学を卒業して学校教員をしていた。彼女がよく話す教育家には、無着成恭・灰谷健次郎・吉岡たすく・J・デューイ・J・S・ブルーナー・B・S・ブルームがあった。

職業柄、多くの教育実践記録も持っていた。学生との対応ではこちらがアドバイスを受けた。

私の問題意識は一八歳時点ですでに学習意欲を失い、人生の諦めを示す学生達に、何をどこまでどのように教えるかにあった。

私が四年生の大手私学に勤めていた時期には、ホームページで学生のカウンセリングルームと教

員のカウンセリンググルームを開いていた。前者では、複雑な家庭の悩みの相談がメールで寄せられてきた。「両親とはもう一年以上、口を聞いていません。家では夕食を食べて、風呂に入るだけで、他は二階の自分の部屋で友達にメールばかりしています。」また、片親家庭の母一人子一人の親からは大学生の息子からの激しい暴力の相談もあった。また、少々知恵の遅れている学生の親からは「卒業させて欲しい」とばかりの訴えもきた。いずれも、外見はおとなしい普通の学生だった。大学はもはや知識を伝達すればよいだけの場所ではなくなった。私の勤務校以外の若手教員からは「大教室で授業するのが怖い。学生が怖い。どうすればいいでしょうか」という声もあった。

大学は入学してきた様々な学生を抱え、独り立ちできるようにするところだと私は思っていた。自分の生活を自分で営むために、知識やセンスを得るのが大学のはずではないのか。日本の大学教員には未だにそういう意識はない。

教員は「勉強が苦手」「将来の希望などない」という多くの学生の状況を考えて、対応すべきではないだろうか。授業中に私語する学生を叱るだけでいいのだろうか。私語をする学生に「教室から出て行け」と言う教員は未だに多い。偶に、学生が教員に暴力を振るったり、逆に教員が学生を殴るといったことさえある。これでは明らかに、教員の敗北である。大学教員は職業意識をもつとともに、今や教員は学生の生活や生活相談にものることが必要になってきている。今日、教員も若い世代が増えている。人生について、同僚と先輩と語り合える状態が欲しい。難関大学の場合、学生や院生は教員の研究と共に教育や育成のレベルに敏感だ。

怪文書

これは大学に多い。時に陰湿な教員が学長選挙の前等に、時には日常的に怪文書をばらまく。出所がわからないようにした封筒を送りつける。〝怪文書の犯人〟と噂の人物と話してみた。「その人に反論や反対があるのなら、堂々と公開で議論すべきではないのか」と。相手は言った。「私はしていませんよ」。「そうだろう。君は怪文書を書いている人を知っているかもしれないと思って話しているんだ。怪文書の内容は君がいつも言っているスキャンダラスな話だ。君ならその怪文書を書いた人物を知っているだろうから、伝えて欲しいと言っているわけだよ」。同僚の一人は言った。「皆知っていても言わないのに、よくも言ったね」と。その後、怪文書は出なくなった。他の大手私大でも、学長選挙の前に怪文書がよく出る。正々堂々としない怪文書の主には（どんな事情があるにせよ）納得は出来ない。

教育の現場は楽しく役立つ状態にすることができる

大学の教員として就職した若い頃、私はカセットレコーダーやビデオカメラを持って勤務先や学校の授業や講演を録音録画した。小中高の先生方と違って、こういう録音や録画されることを拒絶する教員が多かった。他、予備校の定評ある授業の録画を見て、その手法を身に着けたいと思った。授業を雑務と考えたり、軽視する教員もいる。教育を軽視する風潮は日本の大学には染み込んでいる。一九九九年カナダで開かれたInternational Atlantic Economic Societyでその年のノーベル経済学賞を受けた、R.A.Mundellの講演を聞いたがジョークも飛ぶ楽しいものだった。日本では、大学の教員は難しい印象を与えるのが一般的だ。この難しさ点で経済学者は難しい経済理論の研究があるからだろう。円満な感じの人が多い経営学者と対象的だ。アメリカの経営学者は経営の実際の世界から入ってきた貫禄もある人が多い。好対照だ。

また、コンピュータを使えば教育熱心と受け取ってもらえたり、ほとんど無審査の学内紀要に論文を載せれば評価されると考える教員もいる。学内の教員評価の際にポイントが稼げるからだ。一体、教育の現場で学生を育てていかなければ、やりがいが無いとは感じないのだろうか。

今日の大学生には、一貫して無気力・知性に反発する、無気力になる、そして自分の考えを話したり、書いたりできない者がいる。四月の新学期に大学の事務室の前で、何を伝えたいかが何もできず事務職員と向き合っている新入生の姿がよく見かけられる。

では、こうした状態を打破するような授業はできないのだろうか。

授業のオープニングでは、この授業でどれだけ大切なことを勉強するかを伝える必要がある。そして、楽しい、面白い、考えてみたいと思わせる最初のツカミと発問が決定的に大切である。このためには、教員は事前の準備をしておく必要がある。教員にとって、自分の伝えたいメッセージが伝わらなければつまらないのは当然ではないのか。

学生への問いかけ（発問）の準備に慣れない内は毎回配布する出席カードの裏に質問や感想を書かせて、次回の授業で丁寧に説明することは誰にもできるはずであろう。また、学生が食いつきやすい授業も要る。筆者はかつて立命館大学で大阪教育大学で関西大学で、トピカルな経済問題を中心に対立する論点を全面に授業をしたが、大いに盛り上がった。文系世界では、単純な単一の回答が出ないところから、学生の発想が展開していく授業をすることができる。そのためには、事前に時間を取って授業の準備をすれば必ずいい結果が出る。授業がうまく行けば、教員の自信になり、全てが良い方向へ向くことになる。学生に心を開ければ、彼らは必ず反応してくる。心の交流がきっと実を結ぶ。受験勉強や小手先の技術主義教育を乗り越えた成果はこの日本の大学で、いくらでもなされている。大学での教育実践の成果は各方面（学会や研究会など）で発表されたい。ムラ社会的結束は日本の大学・短大に生きていることは確かだが。

他、マイナーなことだが、教員はあくまで誠実な対応を、お互い笑顔の方が自分も楽しくなる。学生の良い点をきっちり褒める。何人もの学生が授業で話せるようにして過ごしやすい空気を作ることに心がけて欲しい。

コラム　ここで一息。大学の教員をレストランの食事や食べ物にたとえてみると

「てぬきうどん教授」…（讃岐うどんならぬ）一〇年間同じ講義ノートで授業する。休講したのに補講しない。授業や実習の指導は助手や院生まかせ。

「甘なっとう教授」…誰にでも単位を出す、アホ学生に人気の教授。

「ところてん教授」…自分が偏差値の高い大学を出ただけで以後努力なしの無意味教授。学問のレベルは進んでいるのに、自分が若い時に勉強した内容を読み上げるだけの教授。

「あきた小町（こま）っちんぐ教授」…おとなしく静かに下を向いてボソボソつぶやくばかりの教授。しっかりして。

「おにぎり教授」…弟子や友人を集め、固めて研究成果を上げる（主任）教授。日本の米食はおにぎりのように固まって味が出ます。一粒づつに味があるチャーハンの中国や日中の中間でビビンバ（まぜごはん）の韓国と異なります。

「いかり豆教授」「ドナルドダック教授」…学生や院生に怒ったり怒鳴ったりするのが仕事だと思っている教授。

「毒ふぐ教授」…学生の心を傷つけ、凹ませてしまう教授。

「唐がらし教授」…単位を出すのにやたら厳しい辛い教授。

「味噌も糞も教授」…授業中大切なこともそうでないこともまぜこじゃに話してしまう脱線転覆教授。

「大根役者教授」…どこまで授業が下手なのかという教授。

「テキーラ教授」…職場の先生は敵だらけ。これでは何もできない。

「キャベツ教授」…転勤するほど出世していく教授。キャベツや白菜は移植することによってよく育ちます。

「リッチディナー教授」…企業が望む研究で、学外からの研究費が数千万や億単位で入ってくる理系の先端教授。とにかくリッチで、おやつもあり、学生の就職も万全。

「一菜一汁教授」…研究費の獲得ができない貧しい研究室の教授。

「ハチャメチャ料理教授」…何の準備もしないで授業に臨み、場当たり的にレシピなしの思いつき発言で授業をやり過ごす教授。

「たたきごぼう教授」…教室でも教員の会議でも机をたたいて怒りをぶつける教授。

「冷めたスープ教授」…最新の研究でない内容を話す教授。

「厨房に寝泊まり教授」…研究室に住み着く教授。

「口だけ教授」…優秀な弟子に囲まれ、指図するだけの教授。

「とても食えない教授」…学生がとても理解できない内容を話し、ハードルを高くして受講生やゼミ生を減らすことに生きがいを感じている教授。

「メニュー偽装教授」…年度初めに発表される各授業の内容とは関係ない内容を適当に授業している教授。

「万年皿洗い教員」…定年まで、准教授や助手のままに据え置かれた教員。

そして、どの学部にもいる「ただの教授」（筒井康隆著、『文学部唯野教授』ならぬ）。


大学教員が授業で不評を買った場合にそれを（本能的に）学生のせいにする教員は多い。〝ろくに勉強もしていないくせに〟〝こちらの話しをきちんと聞いていなかったくせに〟という場合が多い。確かに、今日の日本の大学ではそういう風潮は強い。だから、学生の私語にほとんど指導せず、成績を甘くつければ評価は上がるとイージーな姿勢になってしまう教員もいる。アメリカの大学では学生による「教員評価」によって、大学教員の降格や退職もあるが、日本での同様の「教員評価」は形式的にやっておかなければ、文部科学省の指導に従っていないとされるのが嫌で、あまりにも形式に堕している。学生の苦情は宝の山だと割り切って、自分の授業の改善点を見つければ良くなるのだが。

学生が好感をもつ大学教員とは！

（同志社大学　学生サークル発行の『間違いだらけの登録相談』から）


知識が広い、知識が深い（高校とは別次元のもの）。

授業にテンポがある。

黒板の字がきれい、適度な大きさの字を書いてくれる。

人柄がいい、明るい。

公平に注意する。

休講はごく偶にがいいね。

ユーモアがある人。

感情的にならない。

優しさを感じさせる。

マナーができている。

⇩　つまり、学識も人格も立派な先生を望んでいる。

学生の期待に応えるとともに、学生と距離を置くこと（離れすぎても同化してもよくない）。

ここで学生と距離を置くとは深く広い教養・専門的知識・グレードの高い分析力・冷静な社会観。

これを可能にするのは、教員の熱意である。

暗記する受験勉強の与えられた世界、閉じられた世界から知的世界へ導くのが大学教員の役割だ。

今日の日本の大学を発展させる鉄則

高校生の学力は二〇年前までの正規分布のような「一こぶラクダ」の形状とは違い「二こぶラクダ」の形になっている。低学力者にいかに学ぶ喜びや意味を身に着けてくれる大学・短大かを公表できなければ、ありきたりの入試パンフや高校回りだけではほとんど成果は上がらない。世間では、評判が評判を呼ぶことが常にある。この軌道に乗ればしめたものと考えた。

大学の活性化にはツボがある。高校生やその親、高校の先生のマインドをつかむべきだし、地方の大学は地方への定着の作戦が基本で、その大学ならではの特徴を生かすべき。

① 学長がいい方向へ変わること。学長は大学運営の超プロであるという意識と能力と行動力がなければその位置にふさわしくない。博士の学位をもつなどの学識は当然だが、経営手腕があり、その大学を発展させるイマジネーションと行動計画が現実のものにならなければならない。

② 受験生が大量に押し寄せる大学に変えるには、最短でも一年半（普通三年）かかる。この決断を充電する期間ばかりは理事会は資金協力を保証してあげてほしい。その職場に慣れ切った教員や職員も曲げて協力し、学長の足を引っ張ってはならない。

③ その大学がどんな斬新な方針を持つかはさまざまである。資格の獲得がすごい。スポーツや

社会分野での表彰で目を見張る。（短大からの場合は）四年制大学への編入や大学院への進学者がその母校で後輩の学生をうまく育てている。就職した卒業生が企業で評判の成果を上げている事実など。

④　マスコミ対策は広告よりも、取材を受けての記事や放映がはるかに効く。お金もかからない。これらすべてに、学長は先頭に立たなければならない。

⑤　職員と仲良く仕事をするのは大切なことだ。職場によっては〝上司には逆らわない方がいい〟〝余計な仕事をして責任を取らされるかもしれない〟〝賛成も反対もしないで様子を見よう〟〝会議ではもっともらしく不満を述べて、仕事のことをよく考えているような印象をあたえるのがいい〟等。こういう職場はあると思うが、こんな俗念は学長が実績を上げていけば消えていく。学長は職員の仕事の現場をリアルに見て接点を増やしていくべきだ。また、逆らってくる意見の持ち主がいたら、「どうして、こういう意見を言うのか」と隠された動機を考える必要がある。

コラム　風早悟著　小説『キャンパスの追憶』学文社、二〇一〇より

そんな頃、大学の経営に関心の強い、道頓大学の中取信一郎教授が難波の帝国ホテルに賢一を呼び出した。

「今日は各地の大学と教員の様子についていろいろ伺いたいのです。このホテルの地下のカラオケルームへ行きましょう。こういう部屋こそ、他人に聞かれないで話が出来るんですよ。先生のお得意の歌声は最後に聞かせてください」なるほど、大変丁寧な話し方だ。こういう相手を嫌う人は多い。違うのだ。丁寧な物腰は相手の人物が自信に溢れた人だと感じるべきだ。こちらもそれに対する相応してい対応をとっさに考えるべきなのだ。そして、うまい場所を考えたものだと賢一は思った。

「大学全体や学部で政権を長続きさせる人物とはどういう人物ですかな」

中取は品のいい濃いグリーンのネクタイに淡い薄茶の背広を着た四十歳ほどの教授だ。ワイシャツの手首の所にネームが刺繍してあるのがオシャレだった……。二人の会話は続いた。

「将になる器ですよ。時々、教員は目立つ人物や研究の優れた人を選びます。又はボス教員の支持で捨て駒のように票を集めて誰かを通しますが、この場合も人物を冷静に見る人は少ない」

「すると、教員には見る眼が無いと……」

「世間知らずの人が多いですからね。学内行政に関心はあっても経営のプロでもなんでもない人ばかりですから。どこの大学でも、教員控室に陣取って学内の情報や同僚の評論をする人たちが必ずいます。彼らは教育はもちろん研究も投げ捨てた人たちが多いのです。それに最近は若者と変わらないくらいの軽薄な方もおられますからね」

「というと」

「褒めれば喜ぶ、批判すれば怒るチャイルディシュな人たちですよ。困るのは単位のバーゲンセールで学生の人気を得ようとする人たちもいます」

「文系学者と理系学者が同居するような今日の複合的な学部となると、どういう専門の人があつかましくなりますかな」

「理系の人たちが有力です。〝物理帝国主義〟と言われるように、理系学問の中にも序列があります。

自分たちの方が勉強している。数学が出来るのが偉いという固定観念ですね。理系の人は9時から5時までは仕事をするのに、文系の学者は週三日ぐらいしか大学へ来ない。理系で博士号を持たない人はほとんどいないが、文系では三割に満たない。論文もレフェリーのいない紀要ばかりというわけですよ」

「ふう〜ん、工学博士や医学博士などは掃いて捨てるほどおられますが、それに対して文系の博士は希少価値がございますのにねぇ。……」

「間違いなく政治学や経済学者です。理由ははっきりしています。論争や論戦が激しいからですよ。

そして、話題が豊富です」

「経営学者も同じですか？」

恰幅のいい経営学の中取教授は大きな体を前のめりにした。いろんなことを知りたいようだった。

「全く違います。彼らは和を好みますから」

「つまり、理屈っぽくない学問ということ。しかし、日本の経営学者はアメリカの経営学者と違って、経営の現場から遠いですね。社長をやってくれと言われてできる人は少ないですよ。それに小心者が多いですわ。では、他の文系の学者はどうでしょう」

「ある問題が出てきたとき、文学部の先生は感性でとらえます。法学部の先生は前例や規則はどうかをすぐ考えます。こういう典型的な文系の学者は情報化が進む今日でも伝統的な講義の形式を続けています。情報機器はほとんど使わずに、教科書や六法全書を開きながら話すことで授業を進めるのです」

「つまり、レトリックとしての学問なのですね」

「だから、ビジュアルではありません。50年前、１００年前の大学のような授業風景を残しています」

「ところでね、私らの経営学に引っ付いている会計学者は企業の財務諸表を見て〝質がいい〟という言葉を良く使いますが、ほかの学問ではどんなほめ言葉がありますのやろ」

「数学者は〝美しい数学〟と言いますね。数理経済学者は〝難しい論文〟と言います」

「面白いですね。他の分野はどうでしょう」

「茶道では〝きれいな御点前〟と言いますし、……俳句では〝姿のいい句〟と言って誉めますね」

「では、和歌の分野はどうでしょうか」

「〝丈高し〟ですね。背筋が伸びるような気品ある歌というわけです」

「なるほど。それで、学者の特徴ですが、理系学者は文系学者の日常や研究成果について、うるさく言いますがこの点は？」

「確かに、文系の場合は家で研究することもあるし、土日はもちろん平日も家にいることがあります。実験のようなことが基本的にないことからきます。先進国の文系学者は保証された自由な時間と研究内容の選択の中で生きています。もし、これを無くすと成果は上がらんでしょう。深い思索は文系学問に必要です。これを理系のようでないから良くないと結論するのでは困ります。学生のレベルの高さに頼って、サボる教員も中にはいます。」

「つまり、文系と理系では研究の作法そのものがちがいますね。理系の頭脳では理解できないでしょう」

「そうです。大きな金のかかる研究設備を必要とし、研究費が巨額に必要な理系の研究者は彼らのような研究姿勢でないということから、文系の研究者を見下します」

「まるで、草食動物と肉食動物が同じ檻の中にいるようなものですね」

「中取先生、たとえば深い思索を必要とする哲学などの研究には、どうしても自由で長い時間が必要なのです」

「わかりますがね、学外から多額の研究費を獲得することがいい研究のように見られる時代になりましたが、この点はいかがでしょうか」

「たとえば、『源氏物語』などの古典文学の研究に対して、企業が研究費を出す可能性はほとんどありませんね。理系の中でも基礎的な研究と即実用化され利益を上げる可能性のある応用研究とはまったく入ってくる研究費の額が異なります」

「つまりマル金の（豊かな）研究室とマルビの（貧乏な）研究室というアカデミック・ディバイドですね」

「そうです。ほとんどの研究室は造りが悪いですがね。中には高級クラブのカウンターや照明・飾りをした研究室もありますよ」

「こらまいったなあ。新しい学部はどうですか」

「昨今の文理の複合学部は本当に文理の学問の有機的な共同研究ができてこそのものですが、形式的に作っただけのところが目立ちます。つまり看板をうまく架けかえただけです」

「やっぱり、金なんですね。」

「中取先生、大学の外でも郵政に航空、証券、銀行、建設業界からパチンコ業界にいたるまで、業界のためにつくす提灯持ちのような学者もいます」

五十代に入った賢一は年に五百枚名刺交換するような人付き合いが普通になっていた。それが大学の教員と付き合う気苦労を薄め、心を落ち着けるいい方法だったからだ。そこで、中取教授の問に一気に答えた。

「こちらでは、学生による教員評価について、〝こんな奴らに俺の授業が評価できるか〟と言ってはばからない人もいて困っているんですが、どのように考えます？」

「もし、先生が自分たち学生を馬鹿にしていると感じたら、うまくコミュニケーションがとれますか」

「学生も感覚はしっかりしてますからねぇ」

「学生の消化能力を理解しながらでないと、外見だけの教育で、実はミスマッチということになりますね。」

「それが難しいんですがな」


中取教授も授業は上手そうだが、こういう言い方で会話を和ませる。


「学生の方にも相当変なのがいます。自惚ればかりが強くて、勉強もしていないのに文句は言うタイプがいますね。こういう学生の口の悪さで、意気消沈する教員もいますから」

「へぇ困ったことですね。ですが、なんで日本の青少年の学力が下がり、道徳もなくなったんですかね。日教組のせいですな」


中取教授はナイフとフォークを上手に使いながら、会話を楽しむ様子だった。


「日教組など左翼は保守政治が続いたために、思うようにならなかったですね。だから、妥協でその時々の成果を得るしかなかった。それと、彼らの〝ダラ幹〟的堕落は問題だなぁ」

「そうですな。日本もアメリカのように教育成果を給与に反映させるような動機付けが必要ですね。どこの教授会も学生無視の不毛の議論が多いですからね。つまり、大学の中での教育の仕事はシャドーワークのようになっています。困ったことです」

「日本の大学は病んでいますね」

「どこの大学にも会議となると勇み立ち、それを生きがいにする〝会議人間〟や研究を捨て去って人事と予算の分捕り合戦に血道をあげる教員もいますな。彼らの振る舞いの狙いは思い通りに人事を動かそうということになりますね。私、賢いと悪賢いは紙一重じゃなくて、同じことのようにさえ思えますにゃ」ワインを口にしながら中取は語った。

「教員の中での葛藤、次第にレベルが下がっていく学生への対応、その上に家族からの無理解まであると、苦悩も深いです」

「話は飛びますが、経営トップが偉いと言われるようにするにはどうしたらよろしいかな」

「かなりのことをお尋ねですね」賢一はこの話が中取教授の狙いだなと思って話しを続けた。

「いつも、大したことを言うように準備されるのが良いでしょう。そして、泥をかぶって味方してくれる人、敵の中から賛成に転じてくれる人を育てることですかな。そして、普段は誰が聞いても納得する話で、みんなを肯かせるわけですよ」

「戦さみたいですな」

「そうです。やわでありながら扱いにくい大学の先生を引き込むには政治家でなきゃならんでしょう」

「ごもっとも」

「職員はどう引きつけますか？」

「教員が職員を直接思い通りに動かすのは問題があります。彼らは事務局の上意下達組織の中にありますから上司の言うことを聞くのが基本です。教員組織とは別なのですよ」

「すると、経営側や事務局のトップを押さえることですね」

「そのとおりです」

「最後の質問です。もし、先生のように教育熱心な人が来たら、どうしてもらいます？　反発もあるでしょうし……」

「遠慮なしに、教育の面で成果をあげてしまうことです。遠慮されると長所はつぶされてしまい、意味は無いでしょう」

「なぜですか？」

「日本の大学教員は教育に対して度し難い軽視の観念が染み付いています。弟子は自分の子より可愛いとも言いますが、自分の思い通りの弟子をたくさん作って大学の教員にさせるのが、素晴らしいということにもなりますから。理系と言ってもたいした研究成果をあげていない人もいます。そして、何かの長所をもつ同僚に心の底でやっかみの気持ちがありますから、積極的に出ないとだめです」

「しかし、先生の話術はうまい」

「ありがとうございます。しかし、私の学歴は学歴が勝負の教授の世界では、やりにくいのですが、時々昔の恩師たちはどんな研究生活をしていたのだろうかと思い起こすことがあるんですよ」

「優しいですね。先生は聴衆が納得できる話で肯きの輪を広げていき、あとは見事にご自分の話を展開される」中取教授は自分自身の仕事に自信があるのだろう。余裕のある表情で賢一を見ていた。

つまり、大学の教員はさまざまになっている。こうなる理由は、研究の世界は高く評価され、世の中の他の分野とは異なって、就職したら一人前ということからきているだろう。

こうしたことからみると、大学教員の世界にも独特の問題が生じている。

タコツボ化した研究だけしかなく、大所高所に立った判断ができないこと。

高級な研究をしている研究者にふさわしいポストが限られており、彼らを冷遇することになって

CASE 3

京都経済短期大学

少人数制を生かした キャリア支援と大学編入指導

京都経済短期大学は、京都洛西にキャンパスを置く、経営情報学科単科の短期大学である。2013年5月現在の学生数は246名で、うち男性が109名、女性が137名と、短大としては男子学生が多い。京都経済短期大学では、徹底した少人数制教育の下、キャリア教育と4年制大学への大学編入支援に力を入れており、高い就職内定率98.7%(2013年3月時点、就職希望者数76人中)と、編入合格率(2013年3月卒業生で95.1%)を実現している。特に大学編入については、関西圏の4年制大学の社会科学系学部(経済・経営・商)や情報系学部への豊富な編入指定校枠を数多く有し、『大学編入なら経短』と認知されている。さらに、編入対策科目を正課カリキュラムに組み込み、春・夏季休暇中には小論文添削指導や模擬面接を含めた特別講義を実施するなど、教学面でも特長を持つ。

京都経済短期大学の考える短期高等教育機関としての社会的役割、職業教育や4年制大学編入への考え方などについて、岩田年浩学長、森田充入試情報センター課長にお話をうかがった。

短期高等教育機関としての社会的役割

京都経済短期大学は1993年、京都で初めての経営情報学科を置く短期大学として誕生した。京都明徳高等学校(旧・明徳商業高校)、京都成章高等学校を抱える明徳学園による設置であった。

岩田年浩　学長

京都経済短期大学が果たしている役割について岩田学長は、「国家資格など様々な資格を取得後に就職を希望する学生や4年制大学への編入を志す学生、京都に憧れを持つ学生の受け皿になっている」と話す。特に京都の企業は、京都の地を知る人材、京都で勉強した学生を求めるところがあり、地域に密着した高等教育機関である短期大学の果たす役割が大きいという。また、商業系高校卒業生の受け皿としての役割もある。例えば京都経済短期大学の一般入学の学力検査では、「商業(簿記・会計)」が選択可能であり、商業系の高等学校からの入学に開かれている。実際、2013年度志願者の出身学科では、23%が商業科・総合学科であった。

そして、大学編入における豊富な指定校枠の確保もまた、関西地域の短期高等教育機関としての信頼に支えられた強みである。

さらに、岩田学長、森田課長の双方が、専門学校に対する短期大学の特長として強調するのが「教養」である。「専門学校は専門的な資格を取得する点は秀でている。しかし、教養を広げ人間力をつけるなら大学。短大は、その凝縮版だ。教養は人間のやる気の根本。いろんなことに関心を持ち、関心を絶やさないためにも必要だ」と岩田学長は話す。

32　リクルート カレッジマネジメント186 / May - Jun. 2014

『リクルートカレッジマネジメント』誌記事抜粋

〈参考3〉「少人数制を生かしたキャリア支援と大学編入指導」

しまっていること。

学生の前で授業をすることに恐怖をおぼえる（特に、新任）教員がいること。

他の教員スタッフからの孤立を深めてしまう教員。

人事をもてあそぶことに生きがいを感じている教員。

主任教授から雑務や専門外の（特に、大学院でなく学部の）授業を押し付けられ、まいっている教員。

どの大学・短大・学校でもその特徴は開学の精神から、カリキュラムの特徴から学生の特徴から、特徴的な研究や教育実践をする教員の行動から、卒業生の中の注目分子から、周辺地域の特徴から、必ず世間に打ち出せることは潜在している。

大学経営のプロを育てることは日本社会の急務だ。

大学や短大の経営トップ（理事長）や学長が自らをモチベートしないで、学生をモチベートすることは出来ない。幹部の気迫がいい波を広げる源だ。

大学組織は幹部も育てる目標を持てたら大したものだ。

研究一筋の生き方とも学生の教育一筋の生き方とも違って、大学の学内行政は独特の仕事だと心得て欲しい。

結局は教員が教育にどれだけやる気（愛情）を持つかで、教育の結果は現れてくる。

補論１：経済教育のツボ

(1) まずは、日常の生活体験や生活実感のある話材がぜひ必要

若い人たちに身近な話題では、カード型電子マネー・携帯電話・電子書籍・ブログ・ツイッター・ネット取引・牛丼など数多い。また、日本の社会的な問題としては、地震・津波・原発などは取り上げやすい材料である。しかし、注意しなければならないのは学生や生徒の目先を変えるだけではその場での関心を引くことはできても系統性のある知識を与えることはできないということである。つまり、経済事象の話材の域を越えなければ、知識は断片的なままで経済認識には遠いということにならざるをえない。

(2) 対比するものやアナロジーが関心を起こす

物事を比較し共通点と相違点を見出すことはあらゆる分野で頭脳活動の第一歩である。経済分野では、かつては「貿易自由化の是非」や「社会主義対資本主義」などが私の教育実践では教室での討論を活発にしたテーマであった。今日では、「原子力発電所事故による被曝は天災か人災か」「競争原理は是か非か（格差・フリーター・大企業と中小企業・私学助成など）」は関心を引き起こしやすい普

遍性の高いテーマである。

かつて、筆者がアメリカで学校教師のための経済教育のワークショップで行った「経済体と人体のアナロジー」は以後どこで取り上げても関心を引きやすかった。図で紹介しておこう。

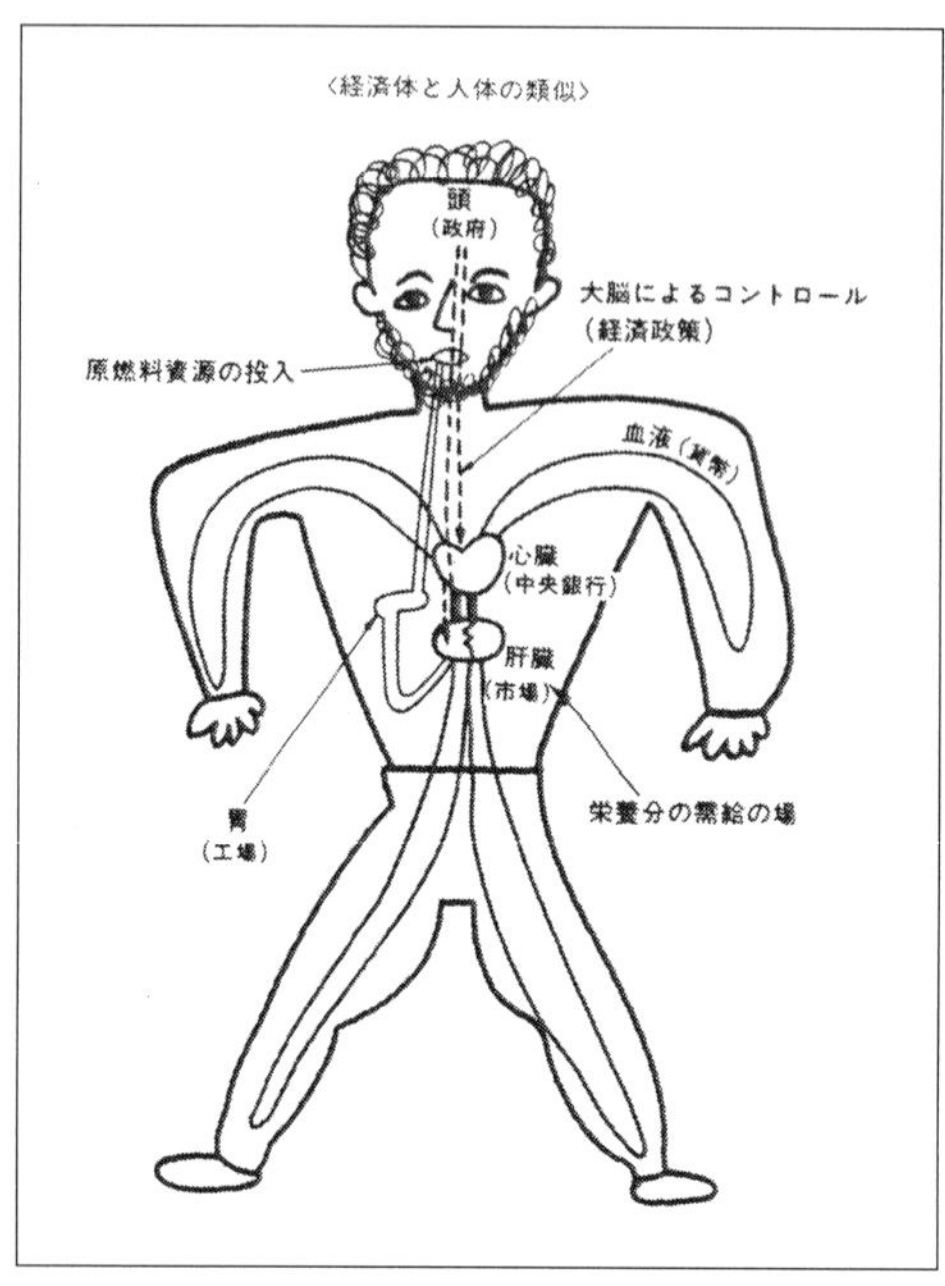

図 補 -1　経済体と人体のアナロジー

(3) 原因を追及していく姿勢が大切

経済は覚えるよりも考えることに魅力がある。この点が他の分野と大きく異なる点である。経済事象をよく調べる中で、何が本質的なことで何が雑多で一時的偶然的なことかを追究していくことが経済認識の方法である。隣接する経営学では、経済学とは正反対に、例外を含むさまざまな経営事象を取り上げ分類していく方法を取る。したがって経済学の方法は抽象性を帯びざるをえない。ましてや、大学の専門段階では精緻な経済理論を構築する上での数学の活用があり難解さは増し経済分野は敬遠されやすい。

たとえば入門段階でも、競争原理を主張する人たちは市場に任せておくべきとなぜ考えているのかはよく考えるべきである。そのためには、メッセージを送る側は学派や好みを超えた客観的知識を事前に持つべきである。他、政府の保護が必要と主張する人たちはなぜそういうのか、両者の主張は非妥協的である。偏らない観点で取り組むことが豊かな経済認識の基礎である。

(4) 作用と反作用を含む因果の連鎖を示す……自壊せずにすすむ経済の理解にはこれが必要

利子率を引き下げれば、投資が増加し、国民所得が増加する用には単純には進まない。また、日本の利子率を引き下げれば為替レートは円安に振れる。しかし、その時点での経済効果の根本は理解しておかなければならない。

たとえば、循環するループで景気変動の因果連鎖を示しておこう。これは環状のループである。

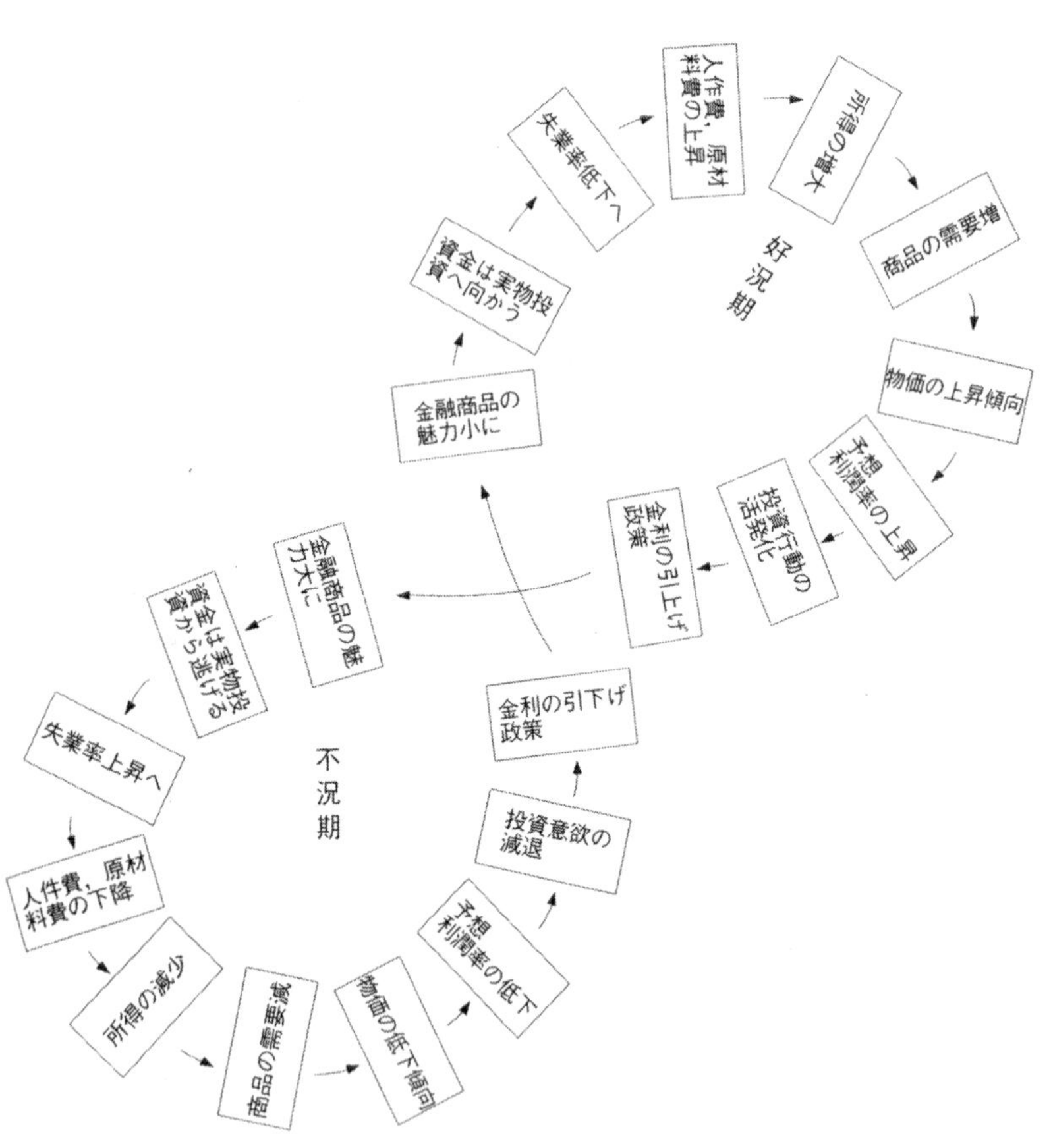

図 補 -2　経済循環のループ図

(5) 教員のメッセージが学生に伝わらないときはなぜかを考えて、早く対応をする

誰であっても、自分のメッセージが相手に伝わらなくて、または無視・軽視されてなんとも思わない人はいないはずだ。

すべての授業に言えることだが、教員は学生や生徒の気配に敏感に対応対処をしなければ勉強を深めさせることはできない。学生を叱り飛ばすのが教員の仕事だと思っている人はどんな人間関係もうまくいかないことを知るべきだ。学生によって、真面目に勉強する方向へのアドバイスの仕方は異なる。

そして、今日の授業で何％が理解できているかをキャッチしておくこと（これは簡単な調査でわかる……筆者は出席カードの裏に毎回記入させて躓きの原因を調べて次回の授業でさらに具体的な説明をしてきた）。これを一年間収集し整理すればこれは教員にとって立派な財産になる。痒いところに手が届く授業が実現可能になる。授業を大切にしているという教員の気持ちは伝わるからだ。そして、学生の反応は必ず変わってくるので、試してほしい。

関西大学に勤めていた頃、「授業をどう進めればよいかのアドバイスをして欲しい」という若手教員の要望に答えて、以上のことを中心に、年来の自分の失敗談や成功談を伝えた。その先生は自分なりのやり方で教育に成功されていった。

授業がうまく進まず、教員が落ち込むことはよくある。デリケートな人もいるから。学生の中には意地悪やマナーの無い者、無責任な者もいるので、教員の悩みは深い。常に、教員の立場をわきまえた言動にも注意すべきだ。若い大学教員で、授業に行くことに恐怖感を持つ人もいると聞くが

精神的な強さも少々は必要だ。どんな仕事でも意欲的に伸びていく人は感情をうまく処理しているといえる。偶に、殆どの学生が授業を聞いていなくても全く平気な教員もいる。一度こういうタイプの教員に出会ってビックリしたが、これも問題だと思う。大学の教員としての責務を果たしていないのだから。

授業がうまくいけば、どんな気難しそうな教員も本人が楽しくなる。教員の言うことも変わってくる。授業の場についての共通の話題で苦楽をともに出来るからだ。経験談はお互いに役立つ。どの大学でも、日常の中で、雑談の中で知識やセンスが増える。学園が崩壊の危機に向かっていると、こういう会話はなくなり、仕事が終われば教員達はすぐに職場を離れる。

人は変わる。若いエネルギーからの反応は他では得難い力になる。研究には直結しないが、全てに好影響・好循環を与える。学生たちは敏感なので、いい反応を返してくる。ついでに、家族との仲にもいい影響を与えるだろう。好循環のきっかけを早くつかみ、学校を成長軌道に載せることだ。そして、いい状態に満足せず、様々な工夫を次々に実行していくことだ。

1)　逆相関関係の例

両者が反対方向に進む例を
学生にあげさせてみる。

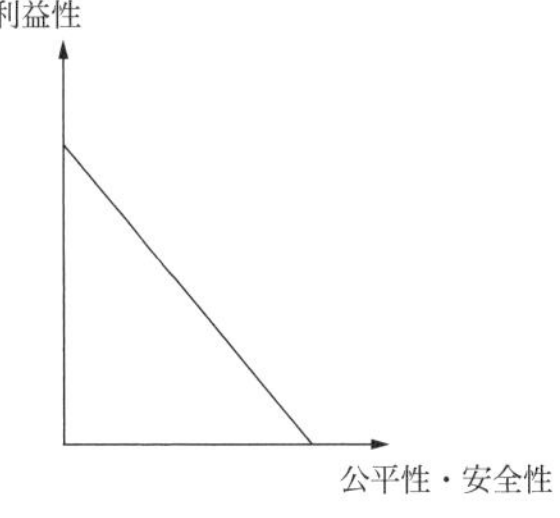

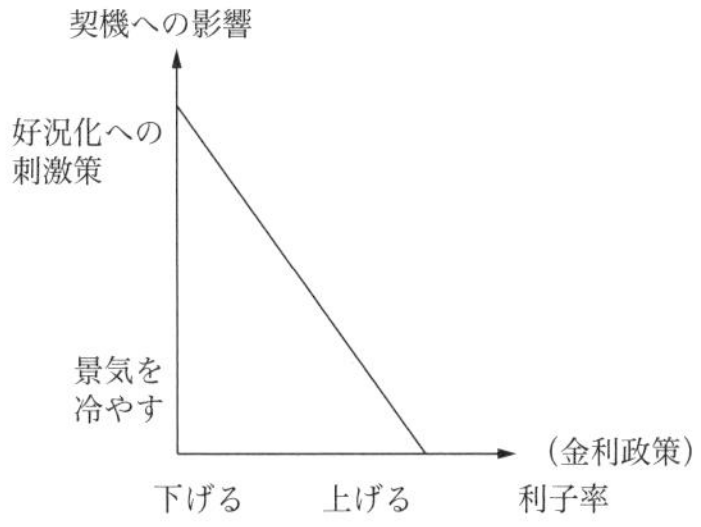

一方を立てれば、他方がうまくいかない
ことを考えさせせる

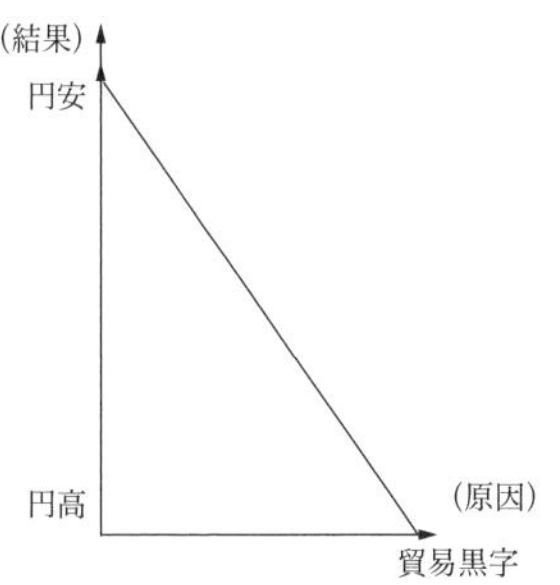

よく売れる商品は競争がはげしく、
利益率が低い

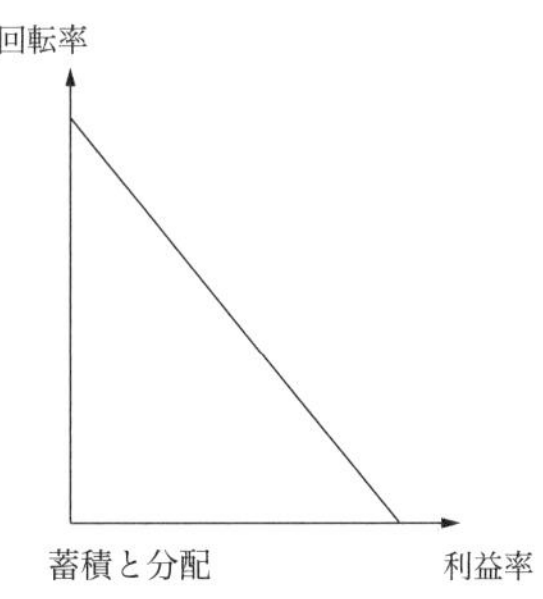

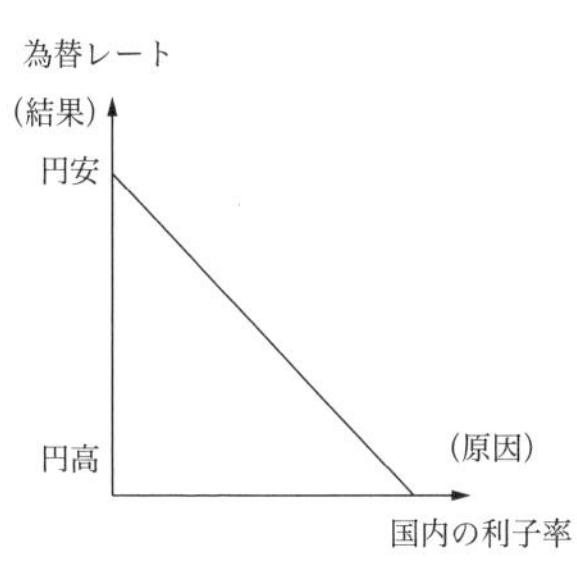

企業の投資が活発になると労働分配率は比べて、
下がる

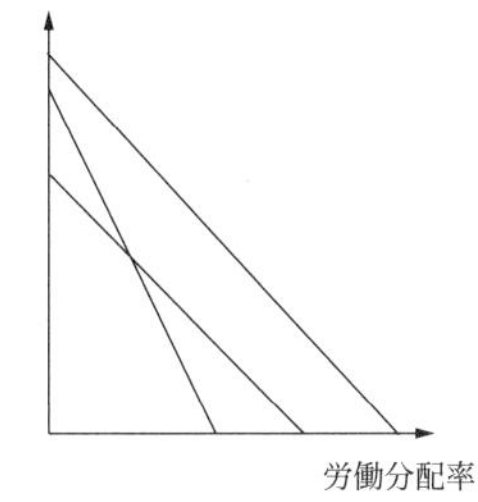

〈資料〉　図 補 -3　図形で経済を見る、知る、考える

2)　正の相関関係の例

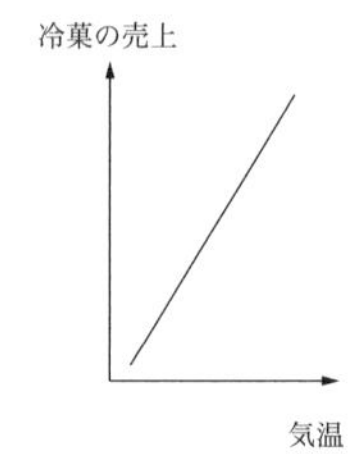

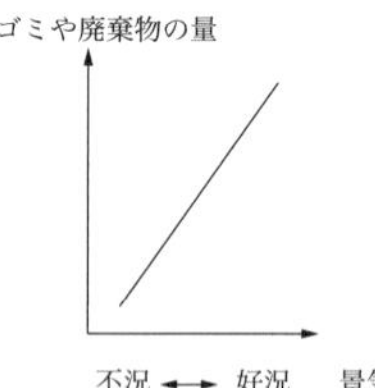

収穫の変動—経済学で多用される

3)　少し複雑な経済分析の図

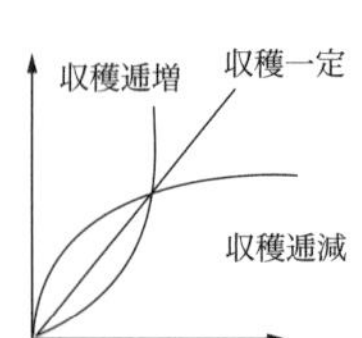

ロジスティク曲線
(生命体の変化を説明)

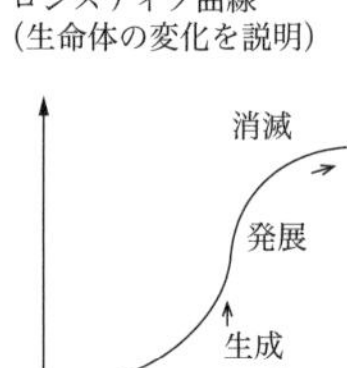

株価分析に現われる
逆ウォッチ曲線

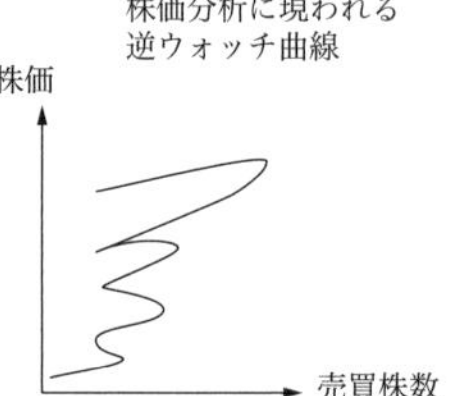

4)　R.M. グッドウィンの循環図

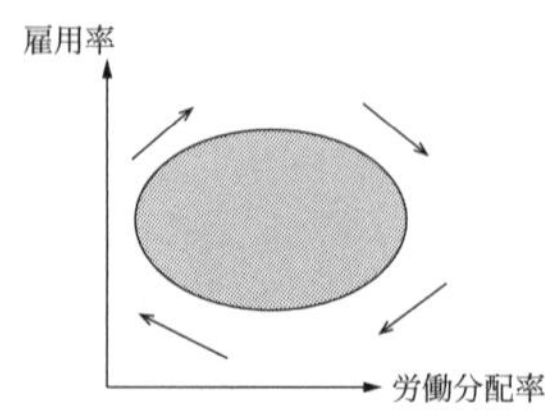

このグッドウィンの循環図を時間的にともなって
変化が規模を大きくし、現実化すると、
次のような経済成長径路が想定される。

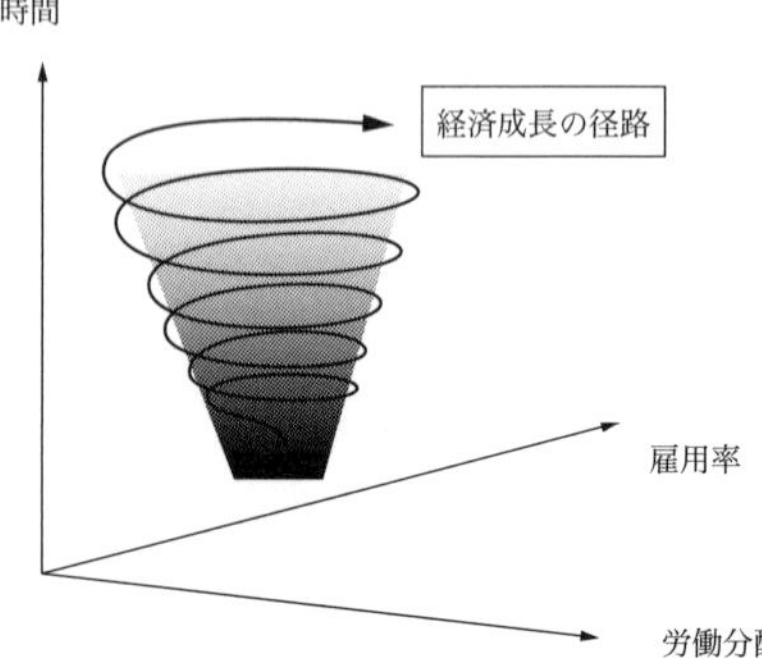

補論2：理系世界の勉強の魅力

理系の勉強には理論分野と実験分野がある。医学でも理論と臨床、経済学でも理論と実証の二つの分野を抱えている。門外漢の人には物理学と数学を混同する人がいるが、数学は数学そのものを研究対象にするが、物理学は自然現象を研究対象にする。理系世界全般では物理学の権威は高いが、近代経済学の理論は物理学を応用した発想にある。

実験は自分でやってこそ身につく。「実験ほど楽しいものはない」という人もいるし、反対に「実験は忍の一字」という人もいる。理系の人、コンピュータ科学の人。実験の仕方が分からなければ何も進まない。実験の仕方やその日の授業の意味は授業の最初に教わる。遅刻は大損。もし、分からなければ誰かに教えてもらい、早く追いつこう。

この実験は社会科学や人文科学にはないもので、確かな証拠によって発見の喜びを得ることができる。「なぜなのか」「どうしてなのか」という疑問は物事を考えていく上でのきっかけだ。実験によって、この疑問が解決していく。何が本質的に作用しているか。どのような条件でどのような現象が現れるかを究明するのは楽しいことだ。わずかな発見の繰り返しを経験してほしい。

実験に失敗して落ち込まない。実験には失敗は付きものだ。思っていたような成果が出ないことも多くある。学部生段階でも大学院生段階でも研究のテーマは教授から与えられる。ここは文科系と大きく違うところだ。学部では、まず実験の仕方を教わる。上から降りてくるテーマに問題があって実験がうまくいかない場合もあるし、実験の手順上のケアレスミスが原因の場合もある。しかし、自然科学の歴史を見れば、結果が出ないことや失敗の積み重ねが新たな発見や発明を生み出してきた。二九九回の実験で失敗が続いても、それは大切な事実なのだ。そして、三〇〇回目に成功したとしたら、素晴らしいことなのだ。つまり、続く失敗から何が問題だろうかと学ぶことが大切だ。発想を変えることもしてほしい。ノーベル化学賞を取った田中耕一氏は実験が失敗したことで、大きな成果を出した。こういうことがなければ、完璧な実験ばかりなら、ありえないことだった。実験とは失敗を繰り返す中で進めるものだ。これは乗用車のトップセールスマンが「私は多くの失敗をしてきました。だが、多くの失敗から学んで生かしてきました。」というのと同じこと。また、私は実験の事を薬学部の助手をし、薬剤師として経営の世界にも乗り出した母に経験談をよく聞いた。私自身も経済の時系列データから音を発生させ、波動を図示することを思い立って、結果が出ずに苦しんだが、やっとうまくいった時には不眠の疲れも吹っ飛んだ経験をしている。

問題は実験テーマを指示する教授のように何故こういう実験が必要か、どのような方法で実験を組み立てるかのアイデアを出せるようになることだ。そして、この実験（医学では臨床）とともに大切な基礎（理論）研究があることを知ってほしい。最先端の基礎研究の上に、実験は位置する。

小型の秀才ではいけない。東大の生田幸士教授はナノレベルの医学分野のロボットを作った人だが、「徹底的に不足しているのは常識を超えるバカが少ないことだ」と言って「バカゼミ」という特別講義を開いて、若い人たちに精神的影響を与えた。エジソンも同じ生き方の人だった。エジソンには人ごとに自分の話を面白くする癖があり伝記作者はどれが本当か困るようだった。エジソンはワットと同様に事業経営もした。発明は研究所を持つ事業として組織して儲かるということを全世界中に教えた人だ。日本人も世界の理工学者も大きな影響を受けた。ゼネラル・エレクトリック（GE）はエジソンが始めた今日すばらしい技術メーカーだ。しかし、それは時代が発明家の時代だったからで、のちにこの会社は開発費のかけ過ぎで大損していく。エジソン自身も大損をする。実はエジソンは実用化による事業がほとんど。原理そのものを発明したものではない。実用化は電信機器、電話、蓄音機、白熱電灯、発電機、アルカリ蓄電池、セメント、プレハブ住宅、映画、鉄鉱採掘、ゴム、トースター、その他、なんと一三〇〇もある。エジソンのもっとも気に入っていた発明は蓄音機だが、この発明がのちにオーディオ音楽文明を作っていくとはエジソン自身は夢にも思わず、まあ声を記録する機械くらいに思っていた。それで大きく儲けそこなうことにもなった。今、日本の音楽産業は五〇兆円の売り上げ規模。エジソンは忙しすぎ、音楽も芸術もよく知らなかったようだ。

エジソンの失敗は電気に直流を採用したことにある。交流は電圧を高くして遠くまで電気を送れるが、途中で電圧を変える変圧器がいる。エジソンは交流が危険だと証明しようと電気椅子までつくって、死刑囚がこれではなかなか死ななかったので非難された。斧の方がよかったとさえ言われ、負けた。交流の研究にはニコラ・テスラという天才が出て来る。エジソンは学校にも行ってなかったので、研究に必要な微分積分が分らなかったと言われている。

エジソンを苦境に追いやった事業の敗北は鉄鉱石採掘。エジソンは電気式鉄鉱石発見器を発明して、採掘に乗り出した。ローラーでくだき電磁石で鉄をとるという方法でした。金をつぎこんだら莫大な儲けを得るどころか、他にずっとよい品質の鉱山が発見され、エジソンの会社は倒産していった。エジソン自身は金銭欲のない仕事の虫だったが、儲けてもっと大きい発明事業につぎ込むため、人を存分に使った。優秀な技術者を組織しながら、資本家たちにだまされ特許をとられたりして会社を発展させられなかったのは、世の中に気に入られるものを作れば売れると言う信念が単純すぎたことを示している。エジソンがアメリカ海軍の最高顧問になったとき、ドイツのウイリアム皇帝はたいへん恐れた。エジソンは潜水艦探知器などを考えたから。

斬新な発想は文系にもある。ところで、何故経済学は面白い学問と思われないことがあるかについて述べる。ハーバート・サイモンは社会科学の中での経済学の特徴を次のように述べている。「経済学者は人間は合理的合法則的に行動する。理論的に整合的な行動を取るという考えをもつ。そして、実験的実証的ではない。」同様に、ワシリー・レオンチェフは「経済学者はあまり事実を収集しない。」

これらノーベル経済学者の考えとは別に、経済学者は一部に実証的研究を取り入れながら、数理化の道を進んできた。元々、数学の好きな人は少ないから、この指摘は表面的には納得されるかもしれない。しかし、こうした経済理論を計量経済モデルで実証し現実の経済政策や経済分析に応用していっている。

従来の科学の特徴を考えてみよう。人間社会も自然界も合法則的にシステムは維持され存続するものとして、現代まで科学は発展してきた。ミクロを集約すればマクロを説明できたり、個人の合理性は社会の合理性とみなされた……要素還元主義（経済学の主流派）。景気循環は天体の運動にも似た法則性をもつとされた。この要素還元主義はたとえば原子・原子核・核子・素粒子・クォークと物質の最小単位を追求してきた物理学がその典型だ。理系世界で言われてきた〝物理帝国主義〟だ。

いずれも、数学的には初期値を与えれば自動的に結論が導かれるという特徴をもってきた。その成果は技術を著しく発展させ、現代の「快適な生活」を生み出してきた（決定論的科学）。数学と物理学は関連するが、性格が異なる。数学では精緻に解くことがなされるのに対して、物理学では近似もある。だから、前者では、論文は少ないが、後者では多い。また、前者はノンフィクションの世界だが、後者はフィクションもありうる点で異なる。

特に、文系の中に含まれる経済学は極めて物理法則的であり、例外的事態を捨象し、資源他を与件として分析する点で極めて決定論的科学としての特徴を帯びてきた。均衡理論として発展している。

がしかし、現実の現象は不規則・不安定・不連続である。また、経済理論が与件としてきたことが難問として立ちはだかっている。

カオス理論の登場は理系文系を問わず、科学のあり方を一変させる威力を持っている。科学と非科学（オカルトを含む）は違う。科学的とは、経済学と理系科学に特徴的な論理実証主義、理論と実験が柱だ。

法則の束としての理論。そのカオス的分析とは、混沌の中にある秩序を見出そうとするものだ。科学への過信、生物学的観点の軽視、歴史観の欠如が学問の世界で問題視されるようになった。この背景に二〇世紀末の人類社会の未来への不安など悲観的状況があった。しかし、世界史的にはこうした時代に人間は知的成果を残してきたのだ。人間は元来ランダムなはずの乱数の発生でも〝規則的な乱数〟まで発生させた。エクセルでの乱数の発生がそうだ。複雑なものを複雑なままに分析する複雑系の科学を数理的に分析するのがカオス分析なのだ。

精緻で科学そのものとされてきた、数理（数学のこと）の世界そのものの中にもカオスが見出せることを研究者たちは明らかにしてきた。

カオス現象の深奥には必ず単純なものが潜んでいることがわかる。次の日本の主要企業の経常利益変化率の移動勾配はそれを繰り返しとると楕円形が現れる。まさに、初期値のわずかな変化が撹乱を生じている（図補2－1は筆者のオリジナルの図）。

最後に、一見無秩序のように見えるが、合法則的な運動を示している宇宙の構造について知ってもらう。現代人の「常識」では太陽系がすなわち宇宙と思われているが、宇宙の広さと深さを知ってほしいのだ。我々の地球だけが生命にあふれている。

地球から一番近い天体の月でも地球から約三八万㎞離れている。太陽系では、月の他に衛星が一二八個あると知られている。この太陽系は図補2－2のように、九個の惑星からなる、半径約七四億㎞の大きさだ。この太陽系自体は、約二〇〇〇億個の恒星から出来ている銀河系の一部にすぎない。しかも、太陽系は銀河系の中心ではなく、中心から約二・八万光年離れた所にある。

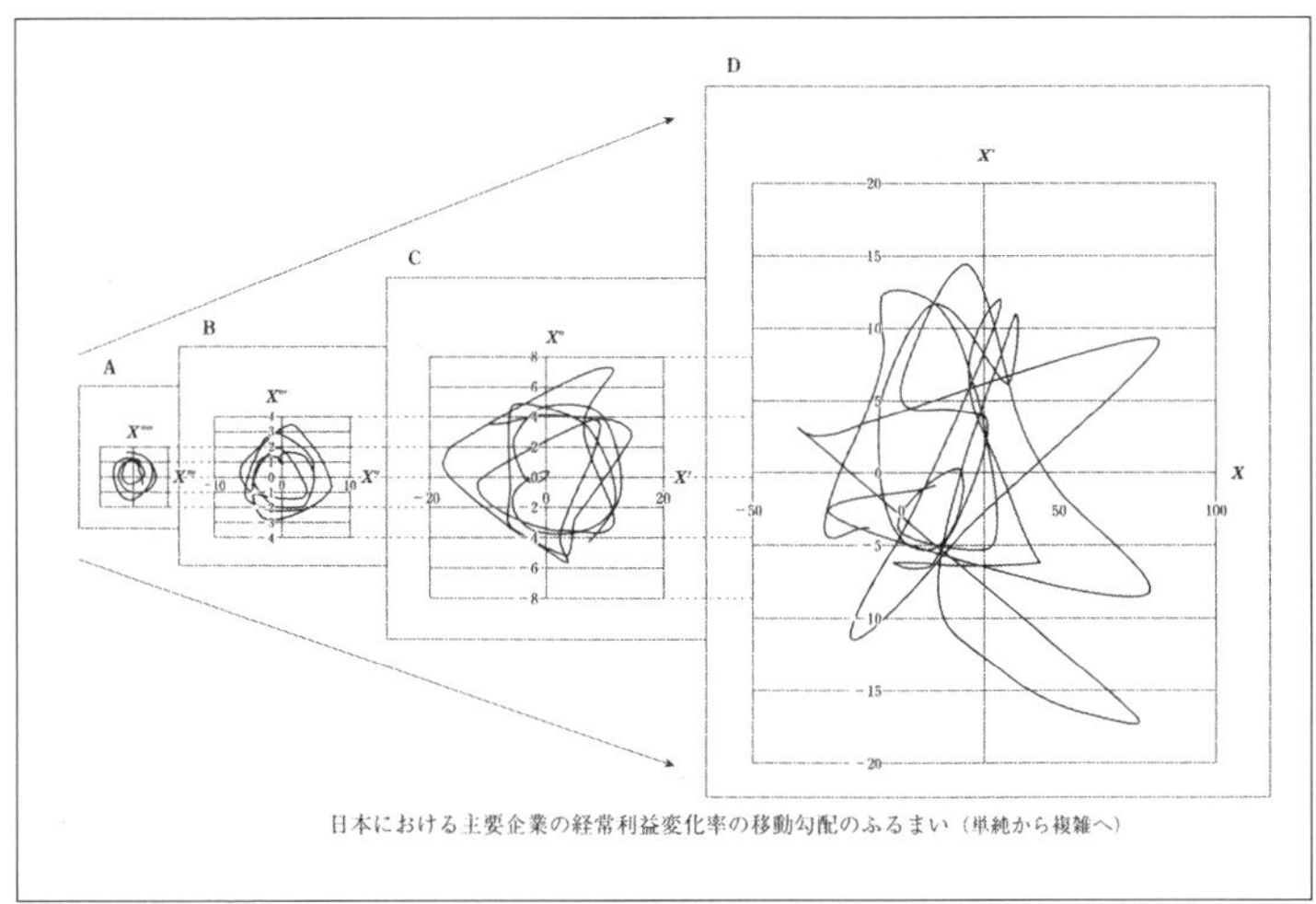

図 補 2-1　カオス現象の深源にある単純さ
—複雑な現象（右端の大きい図）の根本にある単純なもの（左端の小さい楕円の図）—

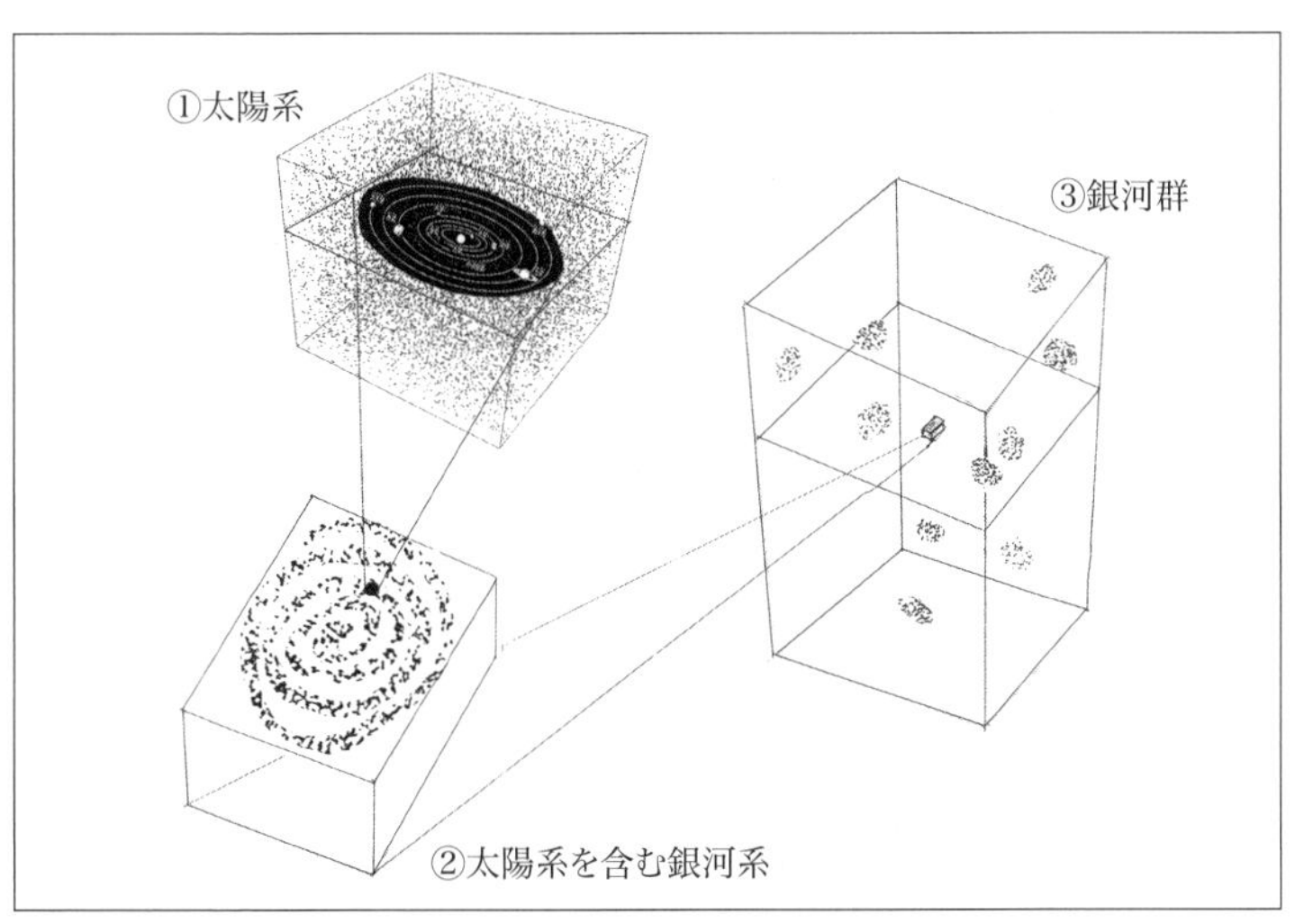

図 補 2-2　宇宙の構造模式図

恒星は集団化して無数の銀河を形成しているが、太陽系を含む銀河系を含めて無数の局部銀河群を作っている。その中で地球は点にもならない小さな星なのだ。しかし、生物が生存出来、高度に発達した生物＝人間が存在できている星なのだ。先に見た、先祖の数の話しとともに、折角もらった命を大切にしていきたいものだ。

コラム　文系の大学教員と理系の大学教員

◉勤務時間

文系…授業と会議のときだけ来る人がほとんど（中には、すべての授業を一日か二日に固める人も）

理系…平日は毎日。土日出勤もある（実験系では多い。難関の大学では、土日や正月でも職場で仕事をしている。底辺の理系私大では、休日出勤は電気代がかかるからと事務局から嫌がられることも）。

◉達成感

文系…発見はある。

理系…大きなことや小さなことでの発見や発明がある。

◉学会発表

文系…個人での発表がほとんど。

理系…ボス教授を中心にした学閥集団での発表が多い（ボスはファースト・オーサーとして、論文の先頭に記名）。

◉論文
文系…未だに、大学の紀要論文が多い（誰も、内容に文句を言わないので）。
理系…レフェリー制の学会誌であるほど評価される（『Nature』誌に載れる確率は数％）。

◉学位（博士号）
文系…二流以下の大学では、学位を持たない人が多い。
理系…研究者として、学位があって当たり前。

◉習性
文系…理系世界の研究は現実の生活と関係が無いとする人も。
理系…研究内容を話すあまり、相手の感情を考えにくい人も。

私の歩み――生い立ちと研究について――

(1) 生い立ち

「人生は舞台、人はみな役者」とはシェークスピアの言葉だ。私の人生は今日まで、平坦でもなく、目立ったものでもなかったが、ともに会話を交わした友人や通りすがりの人との中で鍛えられてきた。青年時代は人とのコミュニケーションは得意ではなかったが、授業や講演を通した多くの場は私を成長させてくれた。経験はどうすれば役に立つ授業が出来るかの手応えを感じる得難い場だったと感謝している。

さて、私の母方の家は持豊公の長男筋の山名家であったが中世以来一族の内訌・衰退が繰り返された。但馬を本貫として備後へは長男を派遣することが多かったが、宗家の後継を二男にしたことが尾を引いた。

備後では、近世を通じて浅野家とつながり、備後一帯の支配をまかされた。また和鉄の生産で(福山や尾道の港からの海運を利用して)大阪へ進出し経済力を保った。

母は第二次大戦中にフィアンセを旧満州で失った。その精神的ショックを薬学の研究に向けていった。父と祖父は琺瑯釉薬を開発し、旧日本軍の水筒の生産を一手に引き受けていた。岩田家の商いのセンスはチャンスを見逃さない企業家精神であり、当時（明治末から昭和の初めの時期に）三都の一つの京都の商議所（今日の京都商工会議所）の常議員や西本願寺の全国門徒総代を務めていた。

しかし、これら二つの家はすでに没落しており、私はともかくも二つの家を背負うことになった。

(2) 学生時代

生まれてから一一歳まで母方の山名家に預けられていた。京都市右京区の御室小学校では美術教育で有名だった稲垣久治先生（豊岡市出身）や綴方教育で子供らを伸ばされた瀬田きよみ先生（島根県出身）達から（終戦後の貧しい時代だったが）私という人間を育んでもらった。後に大阪の田園地帯で、両親と同居することになった私の中学・高校時代はどうしても家庭になじめず、一人で文学書、特に私小説を読むことが多かった。他方、生徒会活動に力を入れることになった。入試は失敗し、挫折と苦悩の青年時代だった。やがて左翼運動にも関心をもった。当時の学会では、マルクス学者の解釈学（訓古学といってよかろう）やイデオロギー批判が幅を利かしていたが、納得がいかなかった。最大の問題は研究の中で、特に検証をする前から結論が決まっていることだった。これでは科学とは言えないのではないかという疑問がついてまとった。結局、数理的経済学を学ぶことにした。当時少数だったこの分野は近代経済学の数理的研究そのものを内在的に扱う立命館大学の建林正喜教授と、コンプリートな数理的経済モデルを形成して近代理論に対して質的レベルを競う神戸大学の置塩信雄教授の研究が魅力的だった。

交通事故で自宅療養中は独学で経済学を中心に約三〇〇冊の文献をノートに要点を取って勉強した。知らないことを知っていくという知的喜びは得難いものだった。その私に対して（人生観に始まって経済学上の立場の異なる）父が盆休みの一週間、自宅でケインズ経済学の集中講義を行ってくれた。彼は大学院で経済理論を学んだ後、アルミニウム関係の企業経営をしていた。彼は森川太郎著『ケインズ経済学の基線』とケインズの『雇用・利子および貨幣の一般理論』の原書と自分の昔の院生時代のノートを携えて挑んできた。この時期のケインズ理論の説明は今日まで日本の経済学界で根強いヒックシアンによるＩＳ－ＬＭ分析とは異なり、ダイナミックなケインズ解釈であり知的魅力にあふれていた。父も私も、予習復習に多くの時間をさいたので勉強会は極めて充実したものとなった。犬猿の仲だったが、この時ばかりは最高だった。恩師の一人として父に感謝している。

この父の講義以降、各種の経済学派に関心が広がった。

結局、大学院は神戸商科大学の末永隆甫教授の下でケインズ左派の学説を柱に据えて研究することにした。末永先生は近代理論に立脚した、内在的批判の経済学者として知られる、一橋大学の杉本栄一教授の弟子だった。

ケインズ経済学とともに理論上の根本的な魅力を感じたのは新古典派経済学だった。この学派は価格の調整速度が速いということを前提として理論を展開した。無論、市場競争原理を第一と考えており、政府の経済政策的介入を評価しない。特定の学派の立場に固執しない研究を志したため、経済学派を数学モデルで比較検討する作業を進めることになった。それには膨大な文献を読み込むことと、数学に長けることが必要とされ苦労したがきわめて実り多い時期だった。もはや理論経済学の世界ではマルクス学派のイデオロギー批判はほとんど意味を持たないと感じた。
ここで、経済学派を交通整理しておこう。

〈経済学の主な諸学派〉

資本制批判のマルクス経済学……元は啓蒙思想の一派で、根本的には公平を理念としていた
資本制の枠内での近代理論……根本は共通して、効率を理念としている

ケインズ経済学……市場の調整能力は不十分として政府の保護介入を主張
マネタリズムなどシカゴ学派や新古典派マクロモデルをふくむ市場競争原理の経済学
……………市場の調整能力は高いとして競争原理を主張
制度学派……………個人の行動が制度によって規制されているという学説
進化経済学…………経済学が物理法則の適用の性格をもつのに対して生物学的（進化論的）発想で経済を分析するもの

この中で、経済体系の安定性や均衡点への収束を帰結する新古典派マクロモデルは計画投資を陽表化せず攪乱要因のない生産関数を取り上げる特徴をもっている。

これに対して、ケインズ学派は市場の不均衡累積性（不安定性）や均衡点からの発散は投資行動によることを明らかにしてきた。ここに、マルクス学派との接点もあったが、マルクス学者にはこういう関心は乏しく、均衡点や平衡点の存在さえ否定するグループもあった。そして、解釈を専らとしていた。

なお、ハロッドの投資関数（投資行動の不均衡累積性を示すもの）は一般に適正成長率をGw、投資の過不足をXとしそれに対する反応係数をηとすると次のように定式化されていた。これは経済の金融化が著しい今日の景気変動の根本原因にも通じる定式化である。

$$I_t = (1 + G_w) I_{t-1} + \eta X$$

なお、ケインズの弟子ハロッドのモデルでは投資の過不足が、置塩のモデルでは稼働率の適正値からの乖離が不安定性の原因であったが、アイディアは共通していた。また、投資関数の中にも利潤の獲得をモチベーションにした企業行動の本質に迫る論者とタイムラグによる不安定性の発生を帰結する論者の違いもあった。

ハロッドは前者であり定性的分析の性格をもっていた。

一九七〇～八〇年代に有力だった、新古典派マクロ経済モデルには次のような問題点があった。①資本と労働は自在に増減可能な可塑性をもつとした前提、②完全雇用・完全稼働・完全販売・完全情報という前提の非現実性。

今日、二〇〇八年のサブプライム危機（リーマンブラザーズの破綻）以後の世界的な金融の不安定性の累積は投資行動の分析（実物投資から金融投資へと重点は変化したが）がますます重要な意味をもっており、この期の諸説の論争は深い学説史的意味を残している。

(3) 経済学の果たす役割

経済学全般の原理的目的は何を基準に市場経済は変動しているのかという原理を明らかにすることにある。その中では、均衡という概念が基礎にある。また、本質を究明していくため、例外や一時的、ランダムな事象を捨象する特徴をもっている。マルクス経済学の場合は「均衡」という言葉自体を嫌う。安定した経済をイメージするからだろう。

他方で、経済金融の知識は市民にとって必要なものであり（経済学は悪質商法対策を含む日常生活のルールとしての意味をもっている）。また、経営管理能力、国際化に対応できる能力などにも不可欠である。ところが、これまでの日本の学校教育では経済分野は社会科の中でも暗記的分野になっており、内容的には弱かった（アメリカの学校教育では社会科のほかに経済科があるが）。

その根本原因は日本の経済と経営の国家依存体質が本来の市場経済社会とはかけはなれてきたということに求められる。

現代日本社会を理解し分析する上で、経済教育はもっと重視されてよかろう。

そして、（一つの学派ある指導教授の学説以外に関心をもたない〝蛸つぼ〟に陥らないで）理系の発想にも通じた、経済学研究者の養成が求められる。

る。

(4) 求められるリアルな経済学

経済学の授業では教科書や基礎を超えて、最新の研究を紹介して脳を刺激することも効き目がある。

経済現象を正確に説明できることが必要と考え、現実から出発し証明していくことにした。現実を説明する上で各学派の経済理論はかなりの距離をもっていたが、多くの経済学者はそのことに関心を寄せなかった。他の文系学問の中で理論性の高い経済学は構築した理論を現実に当てはめようとする作法はケインズ学派にもマネタリズム学派にも、昨今の金融工学にも共通している。経済理論と現実との乖離はついてまとった。むしろ、経済現象から出発するという、科学の基本作業がなされるべきではないのか。そこで、決定論的カオス分析を実際に確かめてみることにした。

ある一つの変数Xだけの変動の習性を見るために、縦軸にXt＋1を、横軸にXtを取り（これをここではポアンカレ平面としておく）、Xの移動勾配X'＝0とXt＋1の移動勾配Y'＝0を図上に描くと、複雑な変動はより解明しやすくなる。これはポアンカレ平面上の位相図と呼ぶべきもので、筆者の発案によるものである。これはいわば二次元位相図であり、24の変化のパターンをもつ。具体的にはアメリカの在庫投資、日本の実質GNP、固定資本投資の対前年変化率、日本の主要企業の経常利益の対前年変化率のいずれもが一つの枠の中での収束と発散の両方を示している。

いま、株価の移動勾配をとったものをX軸に、次いでその移動勾配を取ったものをY軸に、さらに三度目の移動勾配をとったものをZ軸に取った図を描いてみた。つまり、移動勾配を繰り返し取ったわけである。従って、数値は次第に小さくなる。その結果、次のようにX-Z平面の(c)図

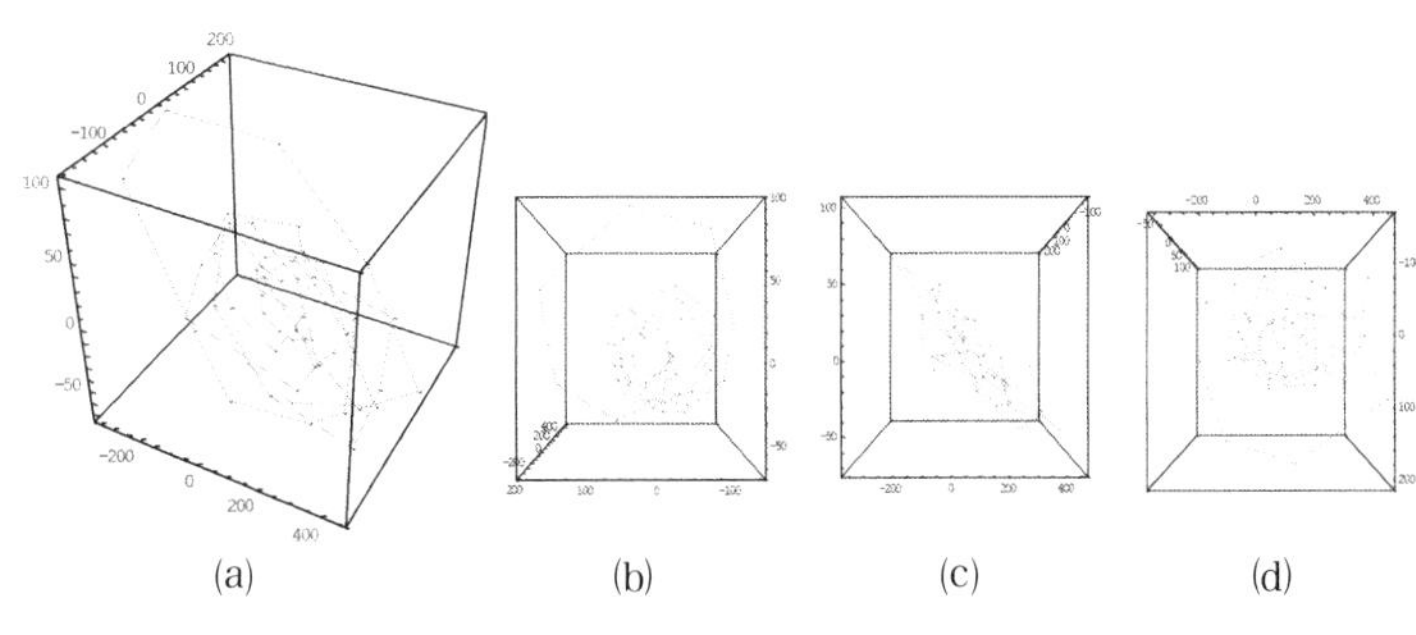

(a)　(b)　(c)　(d)

ダウ平均株価の三次元図　(a) x-y-z, (b) x-y, (c) x-z, (d) y-z

において右下がりの薄い局面が表れた。私の発見の一つである。

さらに、実証的カオス経済分析による経済データからの音の発生を試みた。これはフーリエ変換を用いて、時系列データをウェーブファイルに変換することが前提となる作業で、一種の決定論的カオス分析の発想だった。関西大学総合情報学部の研究室にこもって、三日間の徹夜で成功した。この感激は大きく、日本経済学会のほか各種国際学会（二〇〇六年にNew Kind of Science, ,1999年にIntel Atlantic Economic Society）で発表した。

経済データの多くはこのように二つの作用を示すことが多いが、これを定式化しておくと最終的に次のようになる。

$$X(t) = -\alpha X(t) + f(X(t-\tau)) \quad \alpha > 0$$

ここで、この式の右辺の第一項はXを減少させる作用をもち、第二項は時間τだけ前のXに応じて現在のXが形成されることを含意する非線型の関数である。この第二項の作用がカオス現象の根本原因となる。実は、実際の社会現象も自然現象もカオスの要素を帯びている。

ウチの教授　京都経済短大　岩田 年浩さん

教養重視 刺激あふれる講義

「勉強したいテーマが明確にあったり、資格取得を目指している学生が多い。モチベーションが高いことは自慢していいと思います」。短大では珍しく、男子学生が４割を超える。４年制大学の３年次に入学する「大学編入」を目指す学生も多く、昨年度も、卒業生が神戸大や同志社大などに進んだ。

「景気変動論」など経済学全般を専門にする。特色ある講義は関西大など過去に立った教壇でも人気を集めた。学長になった今も、週に４コマ、講義を担当する〝現役〟だ。特に大切にしているのは、１年生対象の「経営情報学科特講」。「私が司会役をして、学内の先生方とやり取りをしながら、経済と社会の関係などを話します。入学早々から、学生にはできるだけ刺激を与えたいと思っています」

いわた・としひろ　１９４６年生まれ。京都市出身。82年に大阪教育大助教授になり、94年に関西大教授に。２０１２年に京都経済短大学長に就任した

居酒屋やスナックで飲み客を相手に、「金と人生」などのテーマで経済学を語る「居酒屋講義」でも知られる。

学生たちに伝えたい思いをまとめた「社会人になって成功する大学生活術」を昨秋に出版した。「特に申し上げたいのは、教養は絶対に必要や、ということです。富士山の裾野みたいなもんですわ。裾野が広いから、富士山は美しい。『強要』してでも『教養』は広げなあきません」　【山成孝治】

〈参考４〉「ウチの教授、教養重視・刺激あふれる講義」毎日新聞記事

あとがき

負けそうになる、あきらめたくなる、時にはグレたくなる、若者を取り巻く状況は誠に厳しいものがある。どうすれば、教員として彼らを支えることが出来るのだろう。本書はそれに対する何かのヒントや参考になればと思い書き上げたものだ。

今日「大学」と言う言葉が意味するものはかつての時代と比べて著しく変容し、世界的にも日本国内的にも多様になっている。今や旧制帝大原理では通じず、現代社会の要請や学生の状況に対応する課題に迫られている。超難関の大学も乱造された大学や短大の実際もどうなっているのか、なぜこうなったのか、どのような現状なのかをまず第1章で説明した。

授業の場でも、学生や生徒、聴衆の人気を得るために、何年も前の古い情報を平気で伝え、私語もほったらかしにし、コンパでは奢って感謝され、単位のバーゲンセールをして「平穏」に仕事をすることは納得できないことだった。知らないことを知った喜び、解けなかった問題が解けた喜び、進路が成就した時の嬉しそうな顔、学生たちの様子を見ていると、人は成長するものだとつくづく思う。今時の若い人たちはスマートフォンに熱心だが、その分言葉づかいは丁寧にもなり、同感すればハイタッチもしている。彼らも変化していく時代の子なのである。ところが、若者を取り巻く状況の変化はインターネットの普及や格差の広がりの中で質的に変化し、「親の世代のとおりにやっていてはダメだ」という声もうなずける。さらに、学校教師の多忙さだ。高卒までに多くを期待できない状況もある。

いずこの大学でも大学祭となると、近隣の人たちから「音がうるさい」「何時にきっちり終わるのか」という電話がよく入る。学生は勝手な存在という固定観念があるからだろう。学生たちは就職を区切りに大人社会に慣れなければならない。その準備をさせる必要がある。

教員の方は現状打破への案内をすべき立場で、ありがたい仕事だとつくづく思う。授業は熱心にすれば必ず楽しいものになる。難関の大学等での研究者養成でも子弟間の心の問題に帰着する。自分の人生は自分で成功へ向けることは出来る。このことを読者の皆さんに知ってほしいと思う。第2章では日本の高等教育の置かれている状況を説明した。続く第3章では学内での経験の実際を赤裸々に書いた。特に、図3－2で述べた二〇四〇年付近での迫りくる激変に対応すべき教育の役割は大きい。

誰でも初めての職場は慣れない。デリケートな日本人はよけいにそうだ。私は教員にも職員にも「クラッシャー上司」と呼ばれるような部下を潰すような管理職の態度は好まなかった。いかに、職場の皆と一緒に前へ進むかは難しいが、強圧的にすればいいようなことでは全く無い。私は人に溶け込むことには少々慣れているが、それは私の青少年時代の体験から来ていると思う。しかし、そういう性は他の人達にとっては近づきやすい、（はっきり言えば）舐められやすいことでもある。

もちろん誰にもへつらってはダメだ。筋は通さなければならないが、皆から遠い存在になり、怒り散らすような上司では、心を一つにしてはいけないと思ってきた。それでも、口論になることもあったが論戦の中身では非妥協的に突き進んだ。毎日のように生じる大中小の問題に柔軟に対応しながら、会うたびに、話すたびに心が打ち解けていくのを感じた。

学長という立場や位置は理事長に教員に職員に学生にその父母の状況に対応しながら前へ進む必要がある。また、学長室に閉じ籠もらないで学内外で動くことは当然のことだ。このことが事態の打破に通じたと思う。どんな大学・短大でもそれに依拠し学外に宣伝できる長所がある。学長はそれを敏感に感じ、取り上げるべきだろう。もちろん、企業の職場とも共通する点は多いが、教育機関としての無視できない独自性もある。私立大学では理事長が学者を兼ねることは珍しい（京都市立芸術大学や大阪薬科大学・松山大学・和歌山県立医科大学等がそうだったが）。また、日本の大学がアメリカの大学から学ぶべきはその胸襟を開いた態度こそであって、日本の古い悪しき体質は改めるべきではないか。結局は研究も大学経営も実績こそが物を言う。

五年間の学長時代、当初は緊張が覆っていたが、次第に楽しいことが増えていった。以上、第4章では、大学の中での人間関係の形成と対応の経験について述べた。細くとも自分の大学の成功への道をつけながら進むのが学長の立場だと思う。

この本を書き上げて思うのは本書を読んでいただける大学で仕事をする人たち、受験生の皆さんやあらゆる職場で苦労をしている人たちのことである。

本書の材料は今までの教員生活の日々の中から取っている。私は文章を書くことが好きだった。少年時代の雑誌や新聞への掲載、全国読書感想文コンクールなどでの受賞が自らをモチベートしてきた。そうした中で、体験を読者の皆さんへのメッセージとしてまとめようと意図したものである。ともかくも、丸くはなれないし、角(かど)だらけも困る、〝一角(ひとかど)の人〟になろうと願ってやってきた。本書はともすれば静かになりがちな日本の大学人に私の経験や情報収集から大学を改革するためのアイディアを刺激するメッセージを伝える目的で書き上げた。役に立つことを願っている。今年秋の第一回入試もさらに多くの受験生が応募してきたという連絡を受けた。

東信堂の下田勝司社長は本書の内容と出版に理解と了解を示していただいた。著者と出版社の心の波長がぴったり合ったのだと思う。ありがたい。感謝します。

教え子の今を思いつつ。

平成二九年（二〇一七年）一〇月一一日

著者

【た行】

【な行】

【は行】

【ら行】

索　引

【あ行】

【か行】

【さ行】

【著者紹介】

本名　**岩田年浩**（父方の姓は岩田、母方の姓は山名）

公式ホームページ　http://iwata-yamana.jp

経済データを音に変えて判断した最初の人。日本の大学で授業のうまい教授の一人。1946 年 1 月 14 日、京都府京都市に生まれる。

1　学歴　大阪教育大学大学院修了、神戸商科大学（現在の兵庫県立大学）修了、経済学博士

2　職歴　大阪経済法科大学経済学部講師、大阪教育大学助教授、関西大学総合情報学部教授、京都経済短期大学学長（2017 年 3 月退職）

3　学外における役職　広島大学高等教育研究開発センター客員研究員、静岡大学人文学部外部評価委員、中国・重慶工学院、大連理工大学、大連海事大学、清華大学経済管理学院特別講師、経済教育学会会長など

4　著書

①『科学が明らかにした投資変動の予測力』第 3 版（学文社 2009 年)、『経済学教育論の研究』(関西大学出版部　2010 年）、計 10 冊。共著・分担執筆、計 6 冊。

②翻訳書『経済を学ぶ、経済を教える』（ミネルヴァ書房 1988 年）英文から日文へ、『チャイナパワーの秘密』（晃洋書房 2002 年）中文から日文へ。

③論文 138 編

5　全国講演　640 回　（前々任校以来、“出前の大学講義”を続け、注目を集めたプロフェッサー）

6　パブリシティ　テレビ出演 19 回・ラジオ出演 76 回・新聞掲載 47 回・雑誌掲載 10 回

学長奮闘記—学長変われば大学変えられる　〔検印省略〕

2017 年 11 月 20 日　初　版第 1 刷発行　＊定価はカバーに表示してあります。

著者 © 岩田年浩　発行者／下田勝司　印刷・製本／中央精版印刷株式会社

東京都文京区向丘 1-20-6　郵便振替 00110-6-37828

〒 113-0023　TEL (03)3818-5521　FAX (03)3818-5514

発行所　株式会社 東信堂

Published by TOSHINDO PUBLISHING CO., LTD.
1-20-6, Mukougaoka, Bunkyo-ku, Tokyo, 113-0023 Japan
E-Mail：tk203444@fsinet.or.jp　http://www.toshindo-pub.com

ISBN978-4-7989-1459-6 C3037

東信堂

- 附属新潟中式「3つの重点」を生かした確かな学びを促す授業 ―教科独自の眼鏡を育むことが「主体的・対話的で深い学び」の鍵となる！　新潟大学教育学部附属新潟中学校 編著　二〇〇〇円
- ICEモデルで拓く主体的な学び ―成長を促すフレームワークの実践　柞磨昭孝　二〇〇〇円
- 社会に通用する持続可能なアクティブラーニング ―ICEモデルが大学と社会をつなぐ　土持ゲーリー法一　二〇〇〇円
- ポートフォリオが日本の大学を変える ―ティーチング／ラーニング／アカデミック・ポートフォリオの活用　土持ゲーリー法一　二五〇〇円
- ティーチング・ポートフォリオ―授業改善の秘訣　土持ゲーリー法一　二〇〇〇円
- ラーニング・ポートフォリオ―学習改善の秘訣　土持ゲーリー法一　二五〇〇円
- 「主体的学び」につなげる評価と学習方法 ―カナダで実践されるICEモデル　S・ヤング&R・ウィルソン著　土持ゲーリー法一監訳　一〇〇〇円
- 主体的学び　創刊号　主体的学び研究所編　一八〇〇円
- 主体的学び　2号　主体的学び研究所編　一六〇〇円
- 主体的学び　3号　主体的学び研究所編　一六〇〇円
- 主体的学び　4号　主体的学び研究所編　二〇〇〇円
- 主体的学び　別冊　高大接続改革　主体的学び研究所編　一八〇〇円

溝上慎一監修　アクティブラーニング・シリーズ（全7巻）

- ①アクティブラーニングの技法・授業デザイン　安永悟・関田一彦・水野正朗 編　一六〇〇円
- ②アクティブラーニングとしてのPBLと探究的な学習　溝上慎一・成田秀夫 編　一八〇〇円
- ③アクティブラーニングの評価　松下佳代・石井英真 編　一六〇〇円
- ④高等学校におけるアクティブラーニング：理論編（改訂版）　溝上慎一 編　一六〇〇円
- ⑤高等学校におけるアクティブラーニング：事例編　溝上慎一 編　二〇〇〇円
- ⑥アクティブラーニングをどう始めるか　成田秀夫　一六〇〇円
- ⑦失敗事例から学ぶ大学でのアクティブラーニング　亀倉正彦　一六〇〇円

- アクティブラーニングと教授学習パラダイムの転換　溝上慎一　二四〇〇円
- 大学のアクティブラーニング　河合塾編著　三二〇〇円
- 「学び」の質を保証するアクティブラーニング ―3年間の全国大学調査から　河合塾編著　二〇〇〇円
- 「深い学び」につながるアクティブラーニング ―全国大学の学科調査報告とカリキュラム設計の課題　河合塾編著　二八〇〇円
- アクティブラーニングでなぜ学生が成長するのか ―経済系・工学系の全国大学調査からみえてきたこと　河合塾編著　二八〇〇円